Johannes Laser

Geld, Kredit und Währung

Johannes Laser

Geld, Kredit und Währung

2., aktualisierte und erweiterte Auflage

ISBN 978-043893-2
e-ISBN (PDF) 978-043894-9
e-ISBN (EPUB) 978-042997-8

Library of Congress Cataloging-in-Publication Data
A CIP catalog record for this book has been applied for at the Library of Congress.

Bibliografische Information der Deutschen Nationalbibliothek
Die Deutsche Nationalbibliothek verzeichnet diese Publikation in der Deutschen Nationalbibliografie; detaillierte bibliografische Daten sind im Internet über http://dnb.dnb.de abrufbar.

Coverabbildung: Joachim Wendler/thinkstockphotos
Druck und Bindung: CPI books GmbH, Leck
♾ Gedruckt auf säurefreiem Papier
Printed in Germany

www.degruyter.com

Für Doris, Severin und Valentin

Inhaltsverzeichnis

Verzeichnis der Abbildungen und Tabellen

Abbildungen

Tabellen

Vorwort

Diese Monographie soll als klassischer Vorlesungsbegleiter für die volkswirtschaftliche Veranstaltung „Geld, Kredit, Währung“ dienen, die der Verfasser sowohl an Verwaltungs- und Wirtschaftsakademien als auch an einigen weiteren Hochschulen im Umfang von einem Semester anbietet. Dabei wird ganz bewusst auf Redundanzen verzichtet. Studierende teilen dem Verfasser immer wieder aufgrund ihres begrenzten Zeitbudgets den Wunsch mit, über ein Lehrbuch verfügen zu wollen, das ausschließlich den prüfungsrelevanten Stoff beschreibt und diesen anhand von Musteraufgaben (einschließlich der Lösungen) aufbereitet.
Der Leser dieses Werkes möge beurteilen, ob der Verfasser diesem Wunsch hinreichend Rechnung getragen hat.
An dieser Stelle möchte der Autor Doris, Severin und Valentin danken, die ihm die Kraft und die zeitlichen Freiräume gaben, damit ein solches Buch und eine zweite Auflage überhaupt entstehen konnten. Auch muss das vorbildliche Engagement von Frau Maria Scholz bei der Erstellung dieses Buches an dieser Stelle gewürdigt werden.

Symbolverzeichnis

B	Zentralbankgeldmenge, monetäre Basis, Primärgeld; setzt sich aus B^P und B^B zusammen
B^B	Kassen-, Mindest- und Überschussreserve der Geschäftsbanken
B^P	Bargeldbestand der privaten Nichtbanken
BP	Balance of Payment, geometrischer Ort aller Zins- und Einkommenskombinationen, die ein Zahlungsbilanzgleichgewicht beschreiben
C	Bargeldhaltungskoeffizient der privaten Nichtbanken, d. h. Anteil der Bargeldhaltung B^P in Prozent des durchschnittlichen Sichteinlagenbestandes D
C	marginale Konsumquote, 1. Ableitung der Konsumfunktion, Steigung der Konsumfunktion, Erhöhung der privaten Konsumausgaben aus einer Erhöhung des Einkommens um eine Einheiten (z. B. €)
C	(gesamtwirtschaftliche) Konsumausgaben, Consumption (eng.)
e	Exchange Rate, (nomineller) Wechselkurs, z. B.: e = x $/€, die sog. Mengennotierung
E	realer Wechselkurs, Wie viele Einheiten meiner inländischen Währung muss ich umtauschen, damit ich die Kaufkraft, die ich im Inland mit einer inländischen Währungseinheit realisiere auch im Ausland erreichen kann; $E = \frac{1}{e} \bullet \frac{P_{Ausland}}{P_{Inland}}$
EK	Eigenkapitalunterlegung der Kredite; $\frac{\text{Kreditvolumen}}{\text{Eigenkapital}}$
EZB	Europäische Zentralbank
F	Nettokapitalexport = Kapitalexport –Kapitalimport
G	Governmental Spending: Staatsausgaben
Gk	Grenzkosten, Erhöhung der Gesamtkosten aus der Ausweitung des Produktions-, bzw. Bereitstellungsniveaus um eine Mengeneinheit, 1. Ableitung der Kostenfunktion
HVPI	Harmonisierter Verbraucherpreisindex, Maßgröße des europäischen Statistikamtes Eurostat zur Bestimmung der Inflationsrate in der €-Währungszone
I	Investment(s), (gesamtwirtschaftliches) Investitionsvolumen
IS	Investment(s) = Savings (Ersparnisse), geometrischer Ort aller Zins- und Einkommenskombinationen, die ein Gütermarktgleichgewicht beschreiben
IWF	Internationaler Währungsfonds, engl.: International Monetary Funds (IMF)
K	Kassenhaltungskoeffizient, Anteil der Kassenhaltung in % des Einkommens
K	Kreditvolumen der Geschäftsbanken
K	Geldnachfrage aus Transaktions- und VorsichtsmotivenK^d Kreditnachfrage

K^s	Kreditangebot
L	Geldnachfrage aus Spekulationsmotiven
LM	Liquidity (Geldnachfrage) = Monetary Supply (Geldangebot), geometrischer Ort aller Zins- und Einkommenskombinationen, die ein Geldmarktgleichgewicht beschreiben
m	Geldschöpfungsmultiplikator der Geschäftsbanken
m	mengenmäßiges Importvolumen
M	Importwert (in €)
M_1, M_2, M_3	Geldmengenaggregate, Zielgrößen für die Geldmengensteuerung von Notenbanken, da sie die sog. Kaufkraft relevante Liquidität darstellen
M^s	Geldangebot
$P_{Ausland}$	ausländisches Preisniveau, in Wachstumsraten (in %) ausgedrückt: Inflationsrate des Auslandes
$P_{(Inland)}$	(inländisches) Preisniveau, in Wachstumsraten (in %) ausgedrückt: Inflationsrate
r_{GB}	Reservehaltungskoeffizient der Geschäftsbanken, d. h. Anteil der Kassen-, Mindest- und Überschussreserve B^B in Prozent des durchschnittlichen Sichteinlagenbestandes D der Geschäftsbanken
r	gesamtwirtschaftliches Zinsniveau = Umlaufrendite festverzinslicher Wertpapiere des Bundes, Basis für das Zinsniveau auf den Kreditmärkten einer Volkswirtschaft
r*	gleichgewichtiger, realer Geldmarktzins (Annahme Taylors 2 %)
$r_{nominal}$	Nominalverzinsung
r_r	Leitzins der Notenbank als Orientierung für die Refinanzierungskosten einer Geschäftsbank
r_{real}	Realverzinsung
s	Insolvenzrisiko der Kreditnehmer (Bonität der Kreditnehmer)
S	Savings, gesamtwirtschaftliches Sparvolumen
t	Steuersatz in Prozent der Steuerbasis (hier Y: offizielles Bruttoinlandsprodukt (BIP))
T	Taxes, gesamtwirtschaftliches Steuervolumen
x	Exportmenge
X	Exportwert (in €)
Y	(yield, engl.: Rendite, Ertrag, Ergiebigkeit): Bruttoinlandsprodukt (BIP), bzw. Wachstum des BIP
Y^d	Gesamtwirtschaftliche Güternachfrage, die sich aus C + I + G + (X – M) zusammensetzt
$Y^{Potenzial}$	(Wachstum des) Produktionspotenzial (s), d. h. die (denkbare) Steigerung des Produktionsvolumens einer Volkswirtschaft, die ohne Aufbau eines zusätzlichen Inflationsdrucks realisierbar wäre, seit den 70er Jahren wuchs das $Y^{Potenzial}$ um 2 bis 2,5 % in Deutschland
$Y^{prognostiziert}$	Erwartetes Wachstum des BIPs im Betrachtungsjahr
$(Y^{prognostiziert} - Y^{Potenzial})$	Outputlücke (= output gap): Differenz zwischen dem tatsächlichen BIP-Wachstum und der potenziellen Entwicklung des BIP ohne zusätzlichen Inflationsdruck
Y^s	Gesamtwirtschaftliches Güterangebot (= Produktionsvolumen)
α, β	Gewichtungsfaktoren (Annahme Taylors jeweils 0,5 bzw. 50 %); hier liegt die Vorstellung zugrunde, dass einer übermäßigen Preissteigerung im

	Betrachtungsjahr und einer Überauslastung der Fertigungskapazitäten durch einen höheren Leitzins entgegengewirkt werden sollte und umgekehrt (= et vice versa)
π	Inflationsrate
$\pi^{prognostiziert}$	erwartete Inflationsrate im Betrachtungsjahr (= Berichtsjahr)
π^{Ziel}	Inflationsziel einer Notenbank (angestrebte Inflationsrate einer Notenbank), seit 1999 strebt die EZB eine Inflationsrate unter aber nahe 2 % p.a. an; die Bank of England hingegen hat ein Inflationsziel von 2,5 %
$(\pi^{prognostiziert} - \pi^{Ziel})$	Inflationslücke (inflation gap), d. h. die Differenz zwischen prognostizierter Inflationsrate des Berichtsjahres und des Inflationsziels
ϕ	Wirtschaftliche Integration (Handels-, Kapitalverflechtungen, Grad der Arbeitnehmerfreizügigkeit mit dem Ausland usw.)

1 Geld

Als ich jung war, dachte ich, Geld sei das Wichtigste im Leben,
jetzt weiß ich es!

Oscar Wilde

1.1 Geldmengenaggregate

Zuerst muss geklärt werden, was unter dem Begriff „Geld" subsumiert werden kann. In der Regel erfolgt die Definition des Geldes von seinen Funktionen her. Geld wird als allgemeines Tausch- und Zahlungsmittel verwandt. Gleichzeitig stellt es ein mehr oder weniger wirksames Wertaufbewahrungsmittel dar. Während Bargeld (Münzen, Banknoten) und Sichteinlagen (Giralgeld) perfekte Zahlungsmittel sind, weil sie unmittelbar zum Kauf von Gütern benutzt werden können, erfüllen sie nur unzureichend bei Inflation (= Kaufkraftschwund) die Wert-aufbewahrungsfunktion. Termin- und Spareinlagen bieten dagegen einen besseren Schutz vor Geldentwertung, stehen aber aufgrund ihrer vertraglichen Laufzeitbindung nur eingeschränkt als Tauschmittel zur Verfügung. Die Deutsche Bundesbank und die Europäische Zentralbank (EZB) wählen deshalb in Abhängigkeit von der jeweils betrachteten Geldfunktion unterschiedlich weite Definitionen. Darüber hinaus hängt die Wahl auch von dem entsprechenden Währungsraum ab, da die Wirtschaftsteilnehmer in den Volkswirtschaften sehr unterschiedliche Zahlungs- und Anlagegewohnheiten haben. Zu den am meisten verwendeten Geldmengenbegriffen zählen:

- die *Zentralbankgeldmenge* bzw. monetäre Basis *(= Geldbasis)* B und
- die als sog. Kaufkraft relevante Liquidität oder gesamtes Geldangebot bezeichneten *Geldmengenaggregate* M_1, M_2 und M_3, die in den Händen der privaten Haushalte sind.

1.1.1 Die Zentralbankgeldmenge B

Als Zentralbankgeldmenge bzw. Geldbasis B (oder M_0) wird der Teil des Geldes bezeichnet, der ausschließlich von der jeweiligen Notenbank beeinflussbar ist und von dieser somit bereitgestellt wird. Deshalb wird die Geldbasis im engsten Sinne – und von dieser Begriffsbestimmung wird auch der Verfasser im Weiteren ausgehen – als die Summe aus dem Bargeldumlauf der privaten Nichtbanken B^P und dem Bargeld- und Reservebestand der Geschäftsbanken B^B definiert.[1]

[1] Der Verfasser weist darauf hin, dass der Banknotenumlauf direkt von der EZB gesteuert wird, während das sog. ***Münzregal***, d. h. das Präge- und Ausgaberecht sowie die Verwendung des sog. Münzgewinns weiter in den Händen der Bundesrepublik Deutschland liegen. Da jedoch die Bundesbank als oberste Bundesbehörde seit 1999 vollständig in das Eurosystem integriert ist und

Die konsolidierte Bilanz des Eurosystems (= System europäischer Zentralbanken), d. h. der EZB sowie der 17 nationalen Notenbanken ist in der **Abb. 1** dargestellt. Aus ihr können wir die ***Geldbasis*** im engsten Sinne als auch in weiterer Abgrenzung entnehmen: Sie setzt sich ausschließlich aus den Positionen 1 und 2 der Passivseite (Verwendungsseite) zusammen, d. h. aus der Summe des Bargeldumlaufs (März 2012: circa 871 Mrd. € = Banknotenumlauf = Verbindlichkeiten gegenüber Nichtbanken) sowie aus den Verbindlichkeiten der EZB aus geldpolitischen Transaktionen gegenüber Kreditinstituten im Euro-Währungsgebiet (Position 2 im März 2012 circa 1,15 Billionen €). Dazu zählen die Einlagen der Kreditinstitute, die bei der EZB gehalten werden. Auf der einen Seite handelt es sich um Mindestreservevorschriften, denen die Geschäftsbanken Rechnung tragen. Zum Teil erfolgt dies freiwillig z. B. in Form von Einlagefazilitäten.[2] Darüber hinaus sind es Einlagen der Geschäftsbanken bei der Zentralbank, die aus Gutschriften der Notenbankkredite (z. B. aus Offenmarktgeschäften) entstehen.

ihre Eigenständigkeit verloren hat, wird auch dieser Bestandteil des Bargeldumlaufs zur Zentralbankgeldmenge des Eurosystems gerechnet.

[2] Der Verfasser wird im Rahmen dieser Monographie bei der Darstellung des Instrumentariums sowohl näher auf die Mindestreserveerfordernisse als auch auf die Einlagefazilitäten eingehen.

Aktiva in Mio. €	Stand	Passiva in Mio. €	Stand
1 Gold und Goldforderungen	423.445	1 Banknotenumlauf	870.556
2 Forderungen in Fremdwährung an Ansässige außerhalb des Euro-Währungsgebiets	246.981	2 Verbindlichkeiten in Euro aus geldpolitischen Transaktionen ggü. Kreditinstituten im Euro-Währungsgebiet	1.148.864
3 Forderungen in Fremdwährung an Ansässige im Euro-Währungsgebiet	72.110	Einlagen auf Girokonten einschl. MRS, Einlagenfazilität (820.819) usw.	
4 Forderungen in Euro an Ansässige außerhalb des Euro-Währungsgebietes	23.269	3 Sonstige Verbindlichkeiten und 4 Verbindlichkeiten aus der Begebung von Schuldverschreibungen (0 €) in und (5) außerhalb des €-Raumes	154.514
5 Forderungen in Euro aus geldpolitischen Operationen an Kreditinstitute im Euro-Währungsgebiet (Hauptrefinanzierungsgeschäfte: 29.469, längerfr. Refinanzierungsgeschäfte: 1.100.076, Spitzenrefinanzierungsgeschäfte usw.)	1.130.352	6 Verbindlichkeiten in € ggü Ansässigen außerhalb des €-Raumes	90.890
6 Sonstige Forderungen in Euro an Kreditinstitute im Euro-Währungsgebiet	59.261	7,8 Verbindlichkeiten in Fremdwährung ggü. Ansässigen im und außerhalb des €-Raumes	12.274
7 Wertpapiere in Euro von Ansässigen im Euro-Währungsgebiet	631.714	9 Ausgleichsposten beim IWF	55.942
8, 9 Forderungen in Euro an öffentliche Haushalte, Sonstige Aktiva	436.027	10, 11, 12 Sonstige Passiva, Ausgleichsposten, Kapital und Rücklagen	690.119
Aktiva insgesamt	**3.023.159**	**Passiva insgesamt**	**3.023.159**

Abbildung 1: Konsolidierter Ausweis des Eurosystems, 2. März 2012

Auf der anderen Seite sind aber auch die Geschäftsbanken verpflichtet, Zwangseinlagen in Form von Mindestreserven[3] bei der Zentralbank zu halten.

3 Auch hier wird der Verfasser erst an späterer Stelle dieses Instrument erläutern.

1.1.2 Die Kaufkraft relevante Liquidität M

Mit M wird generell der Bestand an Geld in den Händen privater Nichtbanken bezeichnet. Prinzipiell ist dies der Teil des Geldes, der auch Nachfrage wirksam auf den Güter- und Dienstleistungsmärkten werden und damit die Preisniveaustabilität beeinflussen könnte. Prinzipiell werden von der EZB drei verschiedene Abgrenzungen vorgenommen, die in der u. a. Abbildung aufgelistet sind. In diesem Zusammenhang ist darauf hinzuweisen, dass die Abgrenzung der einzelnen Geldmengenaggregate international uneinheitlich erfolgt und den jeweiligen Zahlungs- und Anlagemodalitäten angepasst ist. Für M_1 und die folgenden Abgrenzungen M_2 und M_3 gilt stets, dass das ***Geldmengenaggregat*** mit einer höheren Zahl (z. B. M_3) das mit einer niedrigeren (z. B. M_2) einschließt.

Geldmengen-aggregat	Definition der EZB	Geldfunktion
M_1 (Februar 2012: 4.815 Mrd. €)	Bargeldumlauf der privaten Nichtbanken B^P (Noten und Münzen) sowie Sichteinlagen D	Zahlungsmittel-funktion
M_2 (Februar 2012: 8.684 Mrd. €)	M_1 + Einlagen mit vereinbarter Laufzeit bis zu 2 Jahren (T) und Einlagen mit vereinbarter Kündigungsfrist bis zu 3 Monaten (S)	Tausch-, Zahlungs-mittel- und Wertauf-bewahrungsfunktion
M_3 (Februar 2012: 9.814 Mrd. €)	M_2 + Offenmarktgeschäfte (= Repogeschäfte) + Geldmarktfondsanteile[4] + Schuldverschreibungen mit einer Ursprungslaufzeit bis zu 2 Jahren	Wertaufbewahrungs-funktion

Abbildung 2: Definition der Geldmengenaggregate durch die EZB

1.2 Der Zusammenhang zwischen M_1 und B

Der Ausdruck Geldbasis oder Zentralbankgeldmenge B wird auch als ***high powered money*** betitelt, weil eine Erhöhung der Geldbasis das gesamte Geldangebot nicht im gleichen Maße, sondern um ein Vielfaches steigen lässt.

4 ***Geldmarktfonds*** stellen spezielle Investmentfonds dar, die bis zu 100 Prozent der ihnen zufließenden Mittel in kurzfristige Anlageformen (z. B. Bankeinlagen, variabel verzinsliche Wertpapiere und festverzinsliche Wertpapiere mit einer Restlaufzeit von höchstens zwölf Monaten) investieren dürfen. Die von dem Geldmarktfonds zur Mittelaufnahme verkauften Anteilscheine können von den Anlegern jederzeit zurückgegeben werden. Für die Nichtbanken stellen sie daher eine Alternative zur Haltung liquider Bankeinlagen wie Sicht-, kurzfristige Termin- und Spareinlagen dar. Geldmarktfondsanteile werden dementsprechend in der vom Eurosystem abgegrenzten europaweiten Geldmenge M 3 berücksichtigt. Geldmarktfonds sind in Deutschland seit dem 1. August 1994 zugelassen.

Im Rahmen der mechanistischen Geldangebotstheorie lässt sich der Zusammenhang zwischen den Geldmengenaggregaten M, die als Kaufkraft relevante Liquidität verwendet werden können und der Zentralbankgeldmenge B leicht analytisch darstellen. Gehen wir also von der Geldmenge $M_1 = B^P + D$ aus.

Analytische Herleitung des ***Geldschöpfungsmultiplikators****:*

$M_1 = B^P + D \mid \cdot \frac{B}{D}$ um den Zusammenhang zur Zentralbankgeldmenge B darstellen

zu können, erweitern wir die Gleichung mit $\frac{B}{D}$, wobei $\frac{B}{D} = \frac{B^P}{D} + \frac{B^B}{D}$ ist und $\frac{B^P}{D} = c$

den Bargeldhaltungskoeffizient der privaten Nichtbanken und $\frac{B^B}{D} = r_{GB}$ den Reservehaltungskoeffzient der Geschäftsbanken darstellen.

$$M_1 \cdot \frac{B}{D} = B^P \cdot \frac{B}{D} + D \cdot \frac{B}{D}$$

$M_1 \cdot [r_{GB} + c] = B \cdot [c + 1]$; nach M_1 aufgelöst gilt

$M_1 = \frac{1 + c}{r_{GB} + c} \cdot B \mid$ wobei $\frac{1 + c}{r_{GB} + c}$ den sog. Geldschöpfungsmultiplikator der Geschäftsbanken darstellt und auch mit "m" bezeichnet wird, sodass allgemein gilt:

$$M_1 = m \cdot B$$

Ist zum Beispiel c= 0,2 (= 20 %), d. h. die Bargeldhaltung beträgt 20 % der gehaltenen Sichteinlagen der Privaten und $r_{GB} = 0{,}1$ (= 10 %), d. h., dass 10 % der Sichteinlagen durch die Geschäftsbanken als (Bar-, Mindest- und Überschuss-) Reserve gehalten werden, dann ist

$M_1 = \frac{1 + 0{,}2}{0{,}2 + 0{,}1} \cdot B$ also M_1 vier Mal so groß wie die Zentralbankgeldmenge B.

Der ***Geldschöpfungsprozess*** (= ***Sekundärgeldschöpfung***) der Geschäftsbanken lässt sich auch grafisch anhand der Kreditpyramide darstellen. In der folgenden Abbildung werden die Angaben bezüglich der Bargeldhaltung der privaten Nichtbanken (c = 0,2) und der Reservehaltung der Geschäftsbanken ($r_{GB} = 0{,}1$) übernommen. Darüber hinaus erfolgt die Darstellung unter der Prämisse, dass die Geschäftsbanken bei der Notenbank Zentralbankgeld B in Höhe von 100.000 € nachfragen.

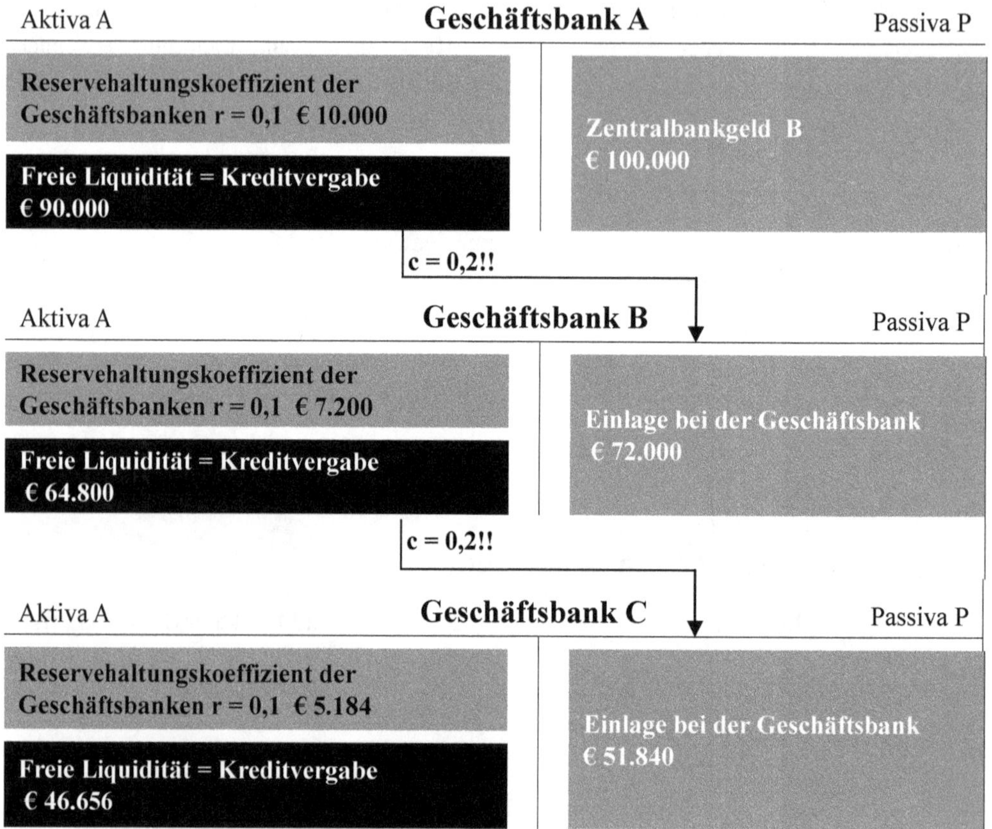

Abbildung 3: Kreditpyramide der Geschäftsbanken

1.3 Übungen

Aufgabenstellung:

Die Europäische Zentralbank benötigt im Rahmen ihrer Geldmengenstrategie, die auf die Begrenzung monetärer Inflationsursachen abzielt, verlässliche Informationen, in welchem quantitativen Zusammenhang die Zentralbankgeldmenge B zum Beispiel zum Geldmengenaggregat M_1 steht, das als sog. Kaufkraft relevante Liquidität den privaten Investoren und Konsumenten für wirtschaftliche Transaktionen zur Verfügung steht.

Leiten Sie deshalb analytisch her, unter welchen Bedingungen die Geldmenge M_1 sechs Mal so groß wie die Zentralbankgeldmenge B ist.

Lösung:

Als Ausgangspunkt der Lösung wird die unter 1.2 hergeleitete Formel für den Geldschöpfungsmultiplikator benutzt.

$$M_1 = \frac{1+c}{r+c} \cdot B$$

Unter den getroffenen Annahmen muss $\frac{1+c}{r+c} = 6$ sein, sodass z.B. nach c aufgelöst werden kann, um konkrete Werte für c und r zu ermitteln.

$1 + c = 6 \cdot [r + c]$

$1 + c = 6 \cdot r + 6 \cdot c$

$1 + c = 6 \cdot r + 5 \cdot c$

$$0{,}2 - \frac{6}{5} \cdot r = c$$

Ist zum Beispiel r = 0,1 (bzw. 10%), dann gilt:

$$0{,}2 - \frac{6}{5} \cdot \frac{1}{10} = c$$

$0{,}2 - 0{,}12 = c$

$c = 0{,}08$

Ist z. B. der Reservehaltungskoeffizient der Geschäftsbanken r = 0,1 (bzw. 10 %), so muss der Bargeldhaltungskoeffizient der privaten Nichtbanken c = 0,08 (bzw. 8 %) sein, damit die Geldmenge M_1 sechs Mal so groß ist wie die monetäre Basis (= Zentralbankgeldmenge) B.

1.4 Struktur des Finanzmarktes

Der Finanzmarkt stellt eine Sammelbezeichnung für alle Märkte dar, auf dem kurz-, mittel- und langfristig Kapital, z. B. in Form von Geld, Wertpapieren und nicht handelbaren Krediten, gehandelt wird.

Wie Sie der u. a. Abbildung entnehmen können, untergliedert sich der Finanzmarkt in drei Bereiche:

- Geldmarkt,
- Kapitalmarkt sowie
- Kreditmarkt.

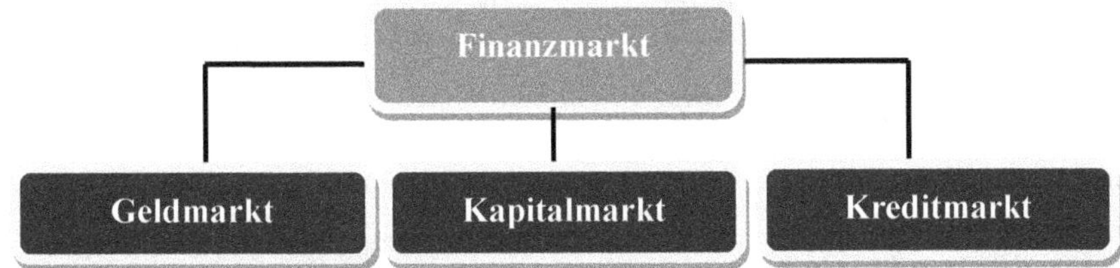

Abbildung 4: Untergliederung des Finanzmarktes

Der ***Geldmarkt*** ist der Markt, auf dem kurzfristige Gelder mit einer Laufzeit bis zu einem Jahr gehandelt werden. Er ist zentraler Punkt der Strategie der EZB, weil sowohl die Zentralbankgeldmenge als auch der Geldmarktzins perfekt von ihr gesteuert werden können. Akteure sind primär die jeweilige Notenbank sowie die Kreditinstitute und im geringen Umfang auch Nichtbanken. Zentrales Anliegen der beteiligten Geschäftsbanken ist, auf dem Geldmarkt Zentralbankgeld[5] zu handeln, um Liquiditätsüberschüsse und -defizite, die durch kurzfristige Zu- und Abgänge resultieren, auszugleichen. Ein wichtiger Teilmarkt ist der sog. ***Interbankengeldmarkt*** auf dem zwischen Kreditinstituten kurzfristige Kredite mit fester Laufzeit und sogenannte Kündigungsgelder[6] gehandelt werden.
Genauso besteht für die Kreditinstitute die Möglichkeit, in der €-Währungszone sich die Liquidität direkt von der EZB durch Offenmarktgeschäfte und im Rahmen der Spitzenrefinanzierungsfazilitäten zu besorgen.[7]
Auf dem Geldmarkt spielen zwei Referenz-Zinssätze als Maßstab für die Finanzierungskonditionen der Geschäftsbanken eine entscheidende Rolle:

(1) Der ***Libor*** (London Interbank Offered Rate) wird an jedem Arbeitstag bis 11.45 Uhr Londoner Zeit fixiert und ergibt sich aus Schätzungen der 18 weltweit wichtigsten Banken, zu welchen Sätzen sie Geld am Interbankenmarkt aufnehmen können. Mitgeteilt werden diese Einschätzungen der Bankers' Association in London, die dann den konkreten Satz bestimmt. Der Libor wird für 15 unterschiedliche Fristigkeiten angegeben. Die Laufzeiten bewegen sich zwischen ***Overnight-Geschäften*** (= 1-Tagesgeschäfte) bis zu einer Fristigkeit von einem Jahr.

(2) Der ***Euribor*** (Euro Interbank Offered Rate) ist der Referenzzinssatz für Termingelder in € mit Laufzeiten zwischen 1 Woche und 1 Jahr. 43 Kreditinstitute, darunter 11 deutsche Banken, melden an jedem Geschäftstag ihre Zinssätze bis 10.45 Uhr Brüsseler Zeit an den Informationsanbieter Thomson Reuters, der den Durchschnittszinssatz ermittelt und ihn um 11 Uhr auf Reuters publiziert.

Unter dem ***Kapitalmarkt*** wird die mittel- bis langfristige Kapitalbeschaffung der Unternehmen, privaten Haushalte und des Staates subsumiert. Eine Unterteilung wird hier primär zwischen dem Rentenmarkt, also dem Markt für langfristige Kredite, und dem Aktienmarkt als Teil der Beteiligungskapitalfinanzierung vorgenommen.
Auf dem ***Kreditmarkt*** werden Kreditverträge angeboten und nachgefragt. In der Regel treffen dort ein Kreditinstitut und ein Kreditnehmer zusammen und schließen einen Darlehensvertrag ab, während auf den Geld- und Kapitalmärkten weitgehend der Handel mit Finanztiteln standardisiert über die Börse durchgeführt wird.

---

5 Hierbei geht es insbesondere um die Position 2 in der Abb. 1: Konsolidierter Ausweis des Euro systems (*Anmerkung des Verfassers*).

6 Kündigungsgelder sind zeitlich unlimitierte Kreditbeziehungen. Nach Kündigung des Kreditvertrages laufen die Darlehen nach einer vertraglich fixierten Frist ab.

7 Die Offenmarktgeschäfte und Spitzenrefinanzierungsfazilitäten werden zu einem späteren Zeitpunkt im Rahmen dieser Monografie (siehe Darstellung der Strategie der EZB) erläutert.

1.5 Kapitalverkehrsfreiheit in der EU

Die Kernelemente der Europäischen Union (EU) sind die Freiheiten des Waren- und Dienstleistungsverkehrs, der Wahl des Arbeitsplatzes und des Wohnsitzes sowie die ***Freizügigkeit des Kapitalverkehrs***. Die vollständige Liberalisierung des Kapital- und Zahlungsverkehrs wurde durch den Artikel 56 Absatz 1 EGV [8] im Jahre 1994 umgesetzt. In diesem Zusammenhang hat der Europäische Gerichtshof entsprechend dem Artikel 13 EUV (= Vertrag über die Europäische Union) festgestellt, dass der liberale Zahlungs- und Kapitalverkehr unmittelbar wirksam ist und somit keiner Umsetzung nationaler Gesetzgebungen bedarf.

Mit der Schaffung eines einheitlichen Finanzraums ist nun der ungehinderte Transfer von Geld- und Sachleistungen zu Investitions- und Anlagezwecken möglich. Im EU-Ausland können somit z. B. Bankkonten geführt, Aktien und Anleihen ausländischer Firmen sowie Immobilien erworben und Geld am Rendite stärksten Markt angelegt werden.

Entscheidend für die Nachfrage nach Kapital durch die Unternehmen ist die Grenzproduktivität des Kapitals (= GPK). Sie bezeichnet den Umsatzerlöszuwachs, der sich aus der Ausweitung des Kapitaleinsatz um jeweils eine (Wert-) Einheit – hier € - ergibt. Bei vorgegebenem Arbeitsvolumen wird sich zumindest gesamtwirtschaftlich nicht ein konstanter Zuwachs mit zunehmenden Investitionen ergeben, sondern die Umsatzerlösentwicklung wird degressiv sein.

---

[8] EGV: Vertrag zur Gründung der Europäischen Gemeinschaft (*Hinweis des Verfassers*).

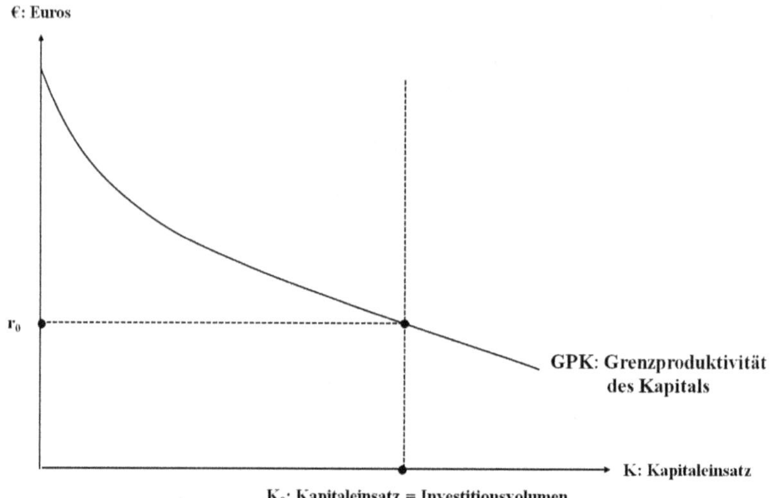

Abbildung 5: Zusammenhang zwischen Grenzproduktivität des Kapitals und Kapitaleinsatz

In den Abbildungen 5 und 6 lässt sich die Verteilung der Einkünfte aus den Umsatzerlösen auf die Produktionsfaktoren Arbeit und Kapital ablesen. In beiden Schaubildern wird die Nachfrage nach Kapital durch die Grenzproduktivität des Kapitals bestimmt (= determiniert), während der Kapitalstock und damit das Investitionsvolumen in Höhe von K_0 (= Kapitalangebot) vorgegeben ist. Durch das Zusammenspiel von Angebot und Nachfrage ergibt sich für das dargestellte Investitionsvolumen eine Rendite in Höhe von r_0.

Ist der Kapitalmarkt national segmentiert, d.h. die Nachfrage nach inländischem Kapital lässt sich ausschließlich über nationale Kapitalanleger abdecken, dann kann die Einkommensverteilung aus dem Einsatz des Kapitals in der betrachteten Volkswirtschaft festgestellt werden (*siehe Abbildung 6*).

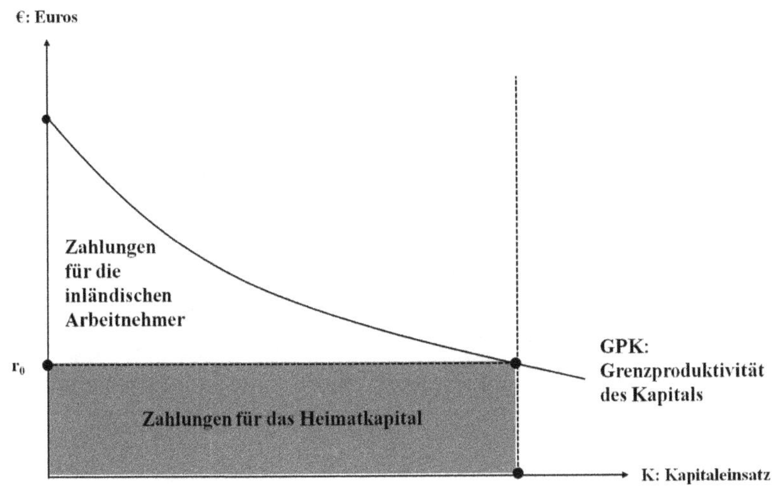

Abbildung 6: National segmentierter Kapitalmarkt

Da nur zwei Produktionsfaktoren betrachtet werden, ist alles das, was nicht zur Kapitalrendite $r_0 \cdot K_0$ (= Zahlungen für das Heimatkapital[9]) zählt, Lohn und Gehalt, sodass die Fläche, die nach oben begrenzt ist durch die Grenzproduktivität des Kapitaleinsatzes und nach unten limitiert wird durch die Zahlungen für das Heimatkapital, die Zahlungen für die inländischen Arbeitnehmer darstellt.

Nach diesen Vorüberlegungen sind wir nun in der Lage, die Auswirkungen (= Implikationen) aus einer Öffnung nationaler Kapitalmärkte zu analysieren. In der folgenden Grafik sind in der Ausgangssituation zwei segmentierte nationale Kapitalmärkte dargestellt. Dabei liest sich der Kapitaleinsatz im Inland $K_{0,\text{Inland}}$ von links nach rechts, während das Ausmaß des ausländischen Investitionsvolumens $K_{0,\text{Ausland}}$ von rechts nach links feststellbar ist. Unter der Annahme, dass die Grenzproduktivität des Kapitaleinsatzes im Ausland GPK_{Ausland} niedriger als im Inland ist[10], ergibt sich für den Kapitaleinsatz im Ausland mit $r_{0,\text{Ausland}}$ auch eine niedrigere Rendite als im Inland ($r_{0,\text{Inland}}$).

Unter diesen Bedingungen führt eine Öffnung der nationalen Kapitalmärkte dazu, dass ein Teil des ausländischen Kapitals ($+ \Delta K_{\text{Ausland}}$) jetzt im Inland investiert wird, weil es dort eine höhere Rendite erzielt. Insgesamt kommt es zu einem Ausgleich der vorher existenten Renditedifferenzen: Im Inland sinkt aufgrund des Zuflusses an Kapital der Kapitalertrag, während er im Ausland durch das reduzierte Kapitalangebot steigt.

---

9 Zur Kapitalrendite zählen sowohl Fremdkapitalzinsen als auch ausgeschüttete (= Dividenden) und einbehaltene (= thesaurierte) Gewinne.

10 Diese Annahme ist unerheblich für die Ergebnisse dieser Modellanalyse. Selbstverständlich gelten die Ergebnisse auch unter der Prämisse, dass die Grenzproduktivität des Kapitaleinsatzes im Inland geringer als im Ausland ist (*Anmerkung des Verfassers*).

Auf einem Kapitalmarkt, auf dem national staatliche Grenzen keine Rolle mehr spielen, wird dann die einheitliche Kapitalrendite $r_{1,neu}$ erzielt.

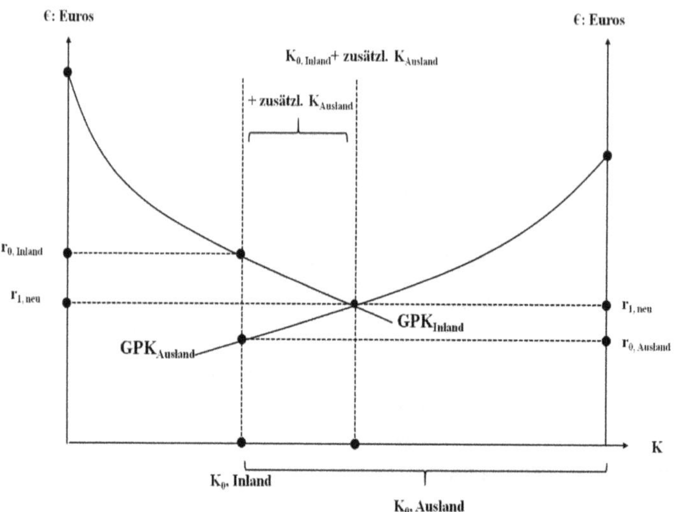

Abbildung 7: zwei national segmentierte Kapitalmärkte

Betrachten wir zunächst die Implikationen für Kapitaleigner und Arbeitnehmer im Detail, die sich für das Inland ergeben: Im Vergleich zu der Ausgangssituation segmentierter Kapitalmärkte (= keine Kapitalmobilität) führt unbeschränkte Kapitalmobilität dazu, dass die Rendite im Inland auf $r_{1,neu}$ sinkt. Der Verlust der Kapitalerträge ist durch das Rechteck A gekennzeichnet, das aber gleichzeitig in vollständiger Höhe einen Zuwachs an inländischer Lohnsumme darstellt. Die inländische Lohnsumme erhöht sich aber zusätzlich durch den Zufluss ausländischen Kapitals um die Fläche B, sodass die heimische Volkswirtschaft einen Nettozuwachs von B aus der Kapitalmarktintegration zu verzeichnen hat.

Auch eine andere Perspektive führt zum identischen Ergebnis: Der inländische Output erhöht sich um B+C+D+E, während die Zahlungen an das ausländische Kapital, das zusätzlich im Inland eingesetzt wird, nur C+D+E betragen.

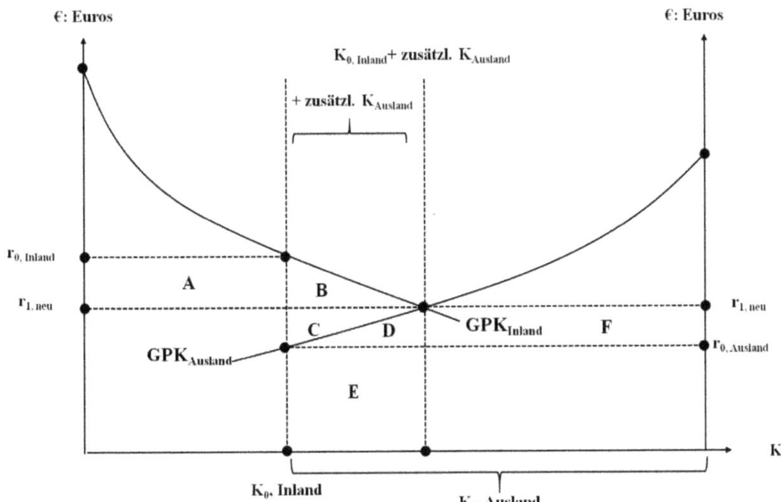

Abbildung 8: Implikationen aus einem liberalisierten Kapitalverkehr in der EU

Wie wirkt sich nun die Liberalisierung in der anderen Volkswirtschaft aus? Korrespondierend sinkt im Ausland das Produktionsniveau um D+E, allerdings erwirtschaftet das im Ausland weiter eingesetzte Kapital einen Zuwachs in der Rendite in Höhe der Fläche F, der vollständig zu Lasten der Lohnsumme der ausländischen Arbeitnehmer geht. Insgesamt verlieren die ausländischen Arbeitnehmer D + F. Da jedoch ein Teil des ausländischen Kapitals im Inland eingesetzt wurde, ergibt sich ein Zuwachs für das ausländische Kapital in Höhe von C+D+F (*Hinweis: Die Fläche E, die eine Renditekomponente für ausländische Investoren darstellt, existierte bereits bei segmentierten Kapitalmärkten!*); verrechnet mit dem Wohlfahrtsverlust ausländischer Arbeitnehmer in Höhe von D+F ergibt sich für die ausländische Volkswirtschaft ein Wohlfahrtsgewinn von C. Fazit: Alle beteiligten Volkswirtschaften profitieren per Saldo aus einer Liberalisierung der Kapitalmärkte.

2 Kreditmarkttheorie von Brunner und Meltzer

2.1 Kritik am Geldschöpfungsmultiplikator

Aus der Kritik an der mechanistischen Geldangebotstheorie erwuchs in den 60er Jahren des letzten Jahrhunderts die sog. Kreditmarkttheorie von Karl Brunner und Allan H. Meltzer.[11]
So unterstellt die unreflektierte Verwendung des (einfachen) Geldschöpfungsmultiplikators, dass

- Geschäftsbanken nicht unterkapitalisiert[12] sind,
- jeder €, den die Geschäftsbanken an freier Liquidität zur Verfügung haben, als Kredit an ihre Kunden vergeben wird;
- die Geschäftsbanken immer solvente und hinreichend bonitätswürdige Kreditnehmer, die das angebotene Kapital auch nachfragen, finden und somit
- die Kreditinstitute ihre Darlehensvergabe stets bis an die durch den Geldschöpfungsmultiplikator vorgezeichnete Obergrenze ausdehnen.

Nicht nur die erst kurz zurück liegenden Erfahrungen im Rahmen der ***Finanzmarktkrise***, in der ein Großteil des durch die Geschäftsbanken abgerufenen Zentralbankgeldes nicht als Kredit an die Kunden vergeben sondern als Einlage bei der EZB angelegt wurde, belegen die eingeschränkte empirische Relevanz.

Beide Autoren gehen, um die Ursachen-Wirkungszusammenhänge möglichst verständlich in einem Modell darstellen zu können, von den Bedingungen eines ***vollkommenen Kreditmarktes*** aus. Im Einzelnen müssen deshalb folgende Prämissen (= Voraussetzungen) erfüllt sein:

1. Sowohl die Kreditanbieter- als auch -nachfragerseite sind polypolistisch strukturiert, d. h. es existiert auf beiden Marktseiten eine Vielzahl von Marktteilnehmern, sodass der Konkurrenzdruck zu einer Reduzierung der Marktmacht führt.
2. Auf dem betrachteten Markt werden sachlich gleichartige (= homogene) Kredite ohne Qualitätsdifferenzen angeboten; als Beispiel könnte hierfür die Vergabe von Hypothekenkrediten bis zu einer Beleihungsgrenze von z. B. 60 Prozent und einer Laufzeit von 10 Jahren angesehen werden;
3. Bei den Marktteilnehmern herrscht vollkommene Markttransparenz.
4. Marktteilnehmer reagieren schnell auf veränderte Marktbedingungen;

---

11 Vgl. z. B. Brunner, Karl: A schema for the supply theory of money, in: International Economic Review, Band 2 /1961, S. 79ff.

12 Für jeden zusätzlichen Kredit, den die Geschäftsbanken vergeben, muss Eigenkapital hinterlegt werden. Somit begrenzt das Ausmaß an Beteiligungskapital die maximale Darlehensvergabe der Kreditinstitute.

5. Es liegen keine örtlichen, zeitlichen, personellen Präferenzen vor, die die Kauf- oder Verkaufsentscheidung (maßgeblich) prägen.

Sollten alle diese Bedingungen erfüllt sein, so wird es nur einen einheitlichen Preis (= Zins) für den spezifischen Kredit geben. Das Kreditinstitut ist somit Preisnehmer und kann seine Gewinnsituation ausschließlich über eine Veränderung des angebotenen Kreditvolumens (Mengenanpasser) verbessern.

2.2 Bestimmungsfaktoren des Kreditangebots K^S

Die Bestimmungsgrößen des optimalen Kreditangebotes sind nach Brunner und Meltzer in der u. a. Abbildung aufgelistet. Neben dem unter den Bedingungen des vollkommenen Marktes vorgegebenen Marktzins r_1 für die Geschäftsbanken, der den Grenzerlös der Kreditvergabe darstellt, spielen das Insolvenzrisiko s (bzw. die ***Bonität*** oder Kreditwürdigkeit) und die Refinanzierungskosten r_r eine Rolle. Eine optimale Kreditvergabe K^s_1 (und damit das Gewinnmaximum) wird dort realisiert, wo sich Grenzkosten Gk und Grenzerlöse r_1 schneiden.

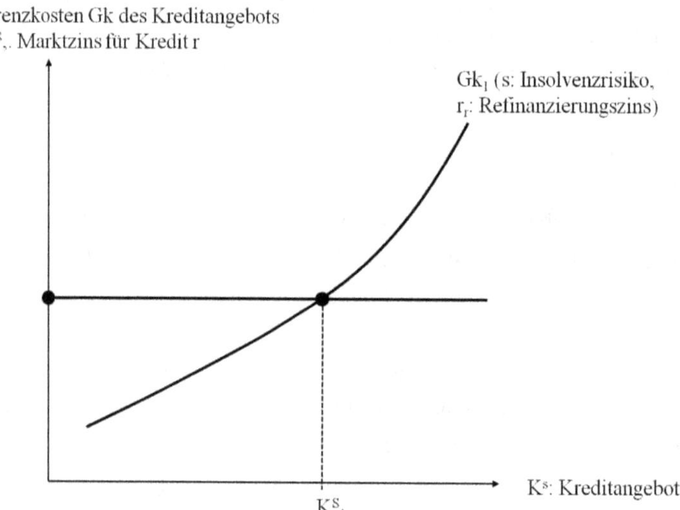

Abbildung 9: Optimale Kreditvergabe

Eine Ausweitung der Kreditvergabe über K^s_1 hinaus würde zu einer Schrumpfung des Gewinns führen, da ab K^s_1 die Grenzkosten stärker ansteigen als die Grenzerlöse. Würde hingegen das Kreditangebot gegenüber K^s_1 eingeschränkt, könnten die Banken über eine Steigerung der Darlehensvergabe ihren Gewinn erhöhen, da links von K^s_1 die zusätzlichen Kosten der Kreditvergabe (= Grenzkosten) nur geringer ansteigen als die zusätzlichen Erlöse r (= Grenzerlöse).

Wie wirkt sich zum Beispiel eine Verschlechterung der ***Bonität*** der Kreditnehmer bzw. eine Erhöhung des Leitzinses r_r oder eine stärkere Unterlegung der Kredite mit Eigenkapital (EK) aus?

Alle aufgeführten Tatbestände würden die Grenzkosten der Kreditvergabe erhöhen und in unserem Modell zu einer Linksverschiebung (①) von Gk_1 auf Gk_2 führen, was unter sonst gleichen Bedingungen (***ceteris paribus*** c. p.) die Kreditvergabe auf K^s_2 (②) einschränkt. Eine Verbesserung der Kreditwürdigkeit bzw. eine Senkung des Leitzinses hätte den gegenteiligen Effekt und würde zu einem Anstieg des Kreditvolumens (Rechtsverschiebung von Gk) c. p. führen.

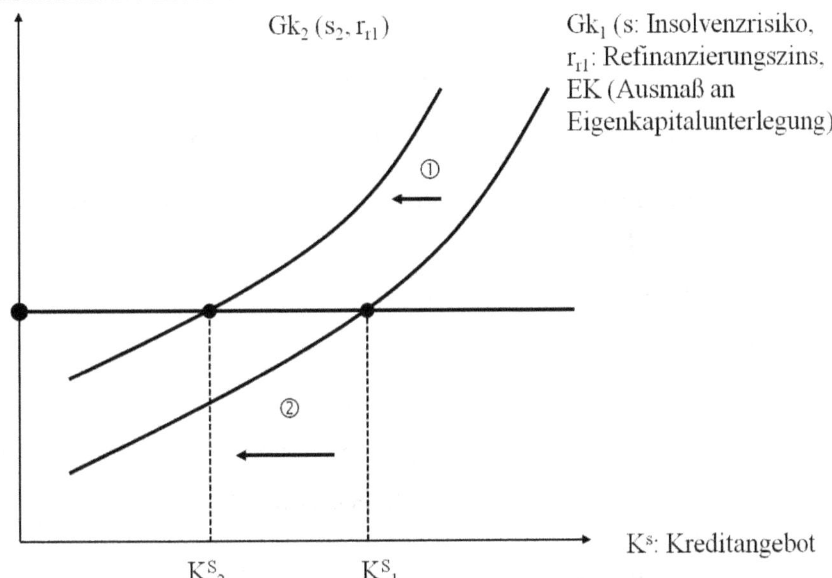

Abbildung 10: Erhöhung der Grenzkosten der Kreditvergabe

Als letzte Bestimmungsgröße dieses Modells auf das Kreditangebot analysieren wir eine Veränderung der Kreditzinsen r. Würde sich zum Beispiel der Erlös pro zusätzlichem € der Kreditvergabe (= Kreditzins) unter sonst gleichen Bedingungen erhöhen, würde sich die Gerade, die den Grenzerlös der Kreditvergabe darstellt, nach oben verschieben (①). Dies hätte c. p. einen Anstieg des Kreditangebotes auf K^s_2(②) zur Folge.

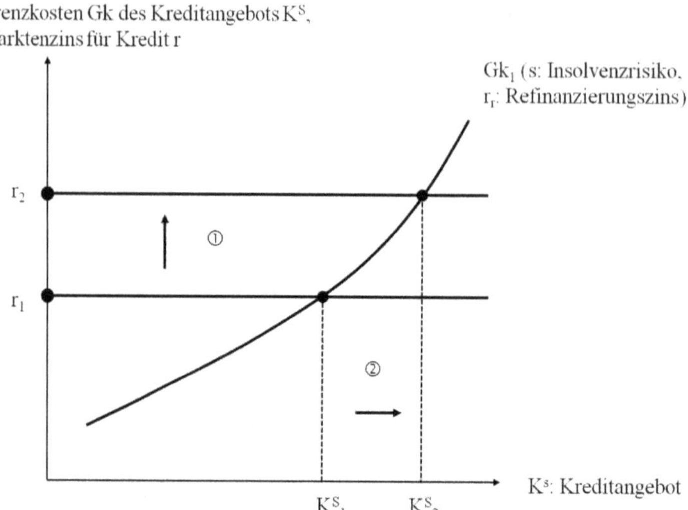

Abbildung 11: Erhöhung der Kreditzinsen r und Kreditvergabe K^s

Analytisch lassen sich somit die Bestimmungsfaktoren (Determinanten) des Kreditangebotes in folgender Tabelle zusammenfassen.

Tabelle 1:Determinanten des Kreditangebotes Ks

$\frac{\partial K^s}{\partial s} < 0$	**Steigt (sinkt) das Insolvenzrisiko s, sinkt (steigt) c. p. das Kreditangebot K^s**
$\frac{\partial K^s}{\partial r_r} < 0$	Steigen (sinken) die Refinanzierungszinsen r_r, sinkt (steigt) c. p. das Kreditangebot K^s
$\frac{\partial K^s}{\partial r} > 0$	Steigen (sinken) die Kreditzinsen r auf der Erlösseite der Geschäftsbanken, steigt (sinkt) c. p. das Kreditangebot K^s.
$\frac{\partial K^s}{\partial EK} < 0$	Steigt (sinkt) das Maß der Eigenkapitalunterlegung EK, sinkt (steigt) c. p. das Kreditangebot K^s.

2.3 Bestimmungsfaktoren der Kreditnachfrage K^d

In unserem Modell werden zwei Bestimmungsgrößen für die Nachfrage nach Krediten durch die Kreditnehmer unterstellt. Zum einen ist das Einkommen Y der Kreditnachfrager ein Einflussfaktor, das positiv mit der Nachfrage korreliert, d.h. wächst das Einkommen, dann nimmt auch die (absolute) Nachfrage nach Krediten zu.

Als zweite Determinante ist die Entwicklung der Kreditzinsen r zu nennen: Unter sonst gleichen Bedingungen führt ein Anstieg der Kreditzinsen r zu einer reduzierten Nachfrage nach Krediten. Die Ergebnisse sind kurz in der unten angeführten Tabelle festgehalten.

Tabelle 2: Determinanten der Kreditnachfrage K^d

$\frac{\partial K^d}{\partial Y} > 0$	**Steigt (sinkt) das Einkommen (bzw. gesamtwirtschaftlich das BIP) Y, steigt (sinkt) c. p. die Kreditnachfrage K^d.**
$\frac{\partial K^d}{\partial r} < 0$	Steigen (sinken) die Kreditzinsen r, sinkt (steigt) c. p. die Kreditnachfrage K^d.

2.4 Geldangebot und Veränderungen auf dem Kreditmarkt

Jetzt haben wir die Voraussetzungen geschaffen, um die Implikationen (= Auswirkungen), die sich durch Veränderungen auf dem Kreditmarkt für das Geldangebot einer Volkswirtschaft ergeben, analysieren zu können. Zuerst werden die Auswirkungen einer Konjunkturbelebung betrachtet. Aus den vorherigen Ausführungen wissen wir, dass eine Konjunkturbelebung (Anstieg von Y) die Kreditnachfrage c. p. erhöht.

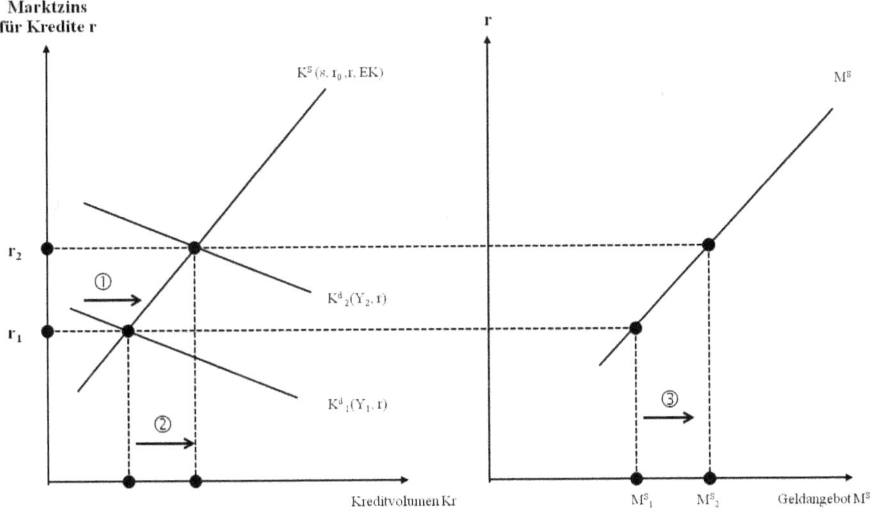

Abbildung 12: Geldangebot und Konjunkturbelebung

In der o. a. Abbildung verschiebt sich deshalb die Kreditnachfragefunktion nach rechts außen (①). Die Erhöhung der Nachfrage belebt auch unter sonst gleichen Bedingungen die Kreditvergabe und damit die Sekundärgeldschöpfung über die Kreditpyramide der Geschäftsbanken (②). Zinsniveau r und das Geldangebot M^s wachsen, sodass eine positive Korrelation (= Zusammenhang) zwischen Zinsniveau und Geldangebot unterstellt werden kann.

Alternativ lässt sich zum Beispiel auch eine Veränderung der Kreditwürdigkeit betrachten, die das Kreditangebot beeinflusst. Hier wird eine Verschlechterung der Bonität betrachtet, wie sie sich im starken Maße am Beginn der Finanzmarktkrise bei vielen Geschäftsbanken zeitigte.

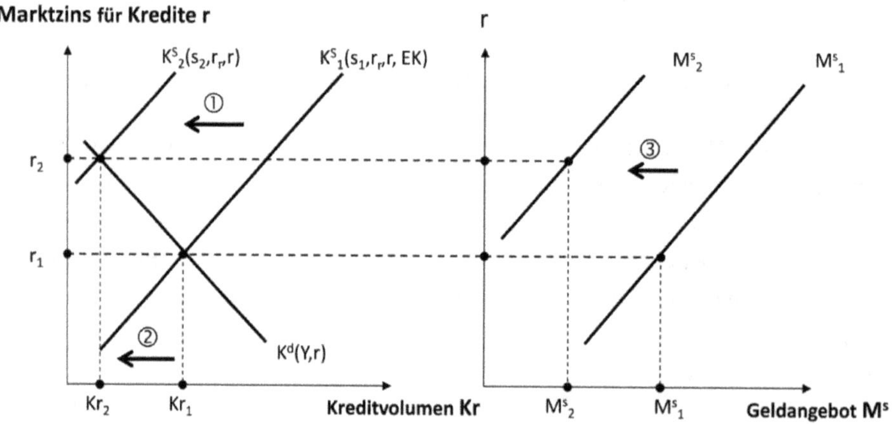

Abbildung 13: Geldangebot und Verschlechterung der Bonität

Jede ***Angebotsfunktion*** beschreibt unter Wettbewerbsdruck die Grenzkosten der Produktion bzw. Bereitstellung. Durch die Verschlechterung der Bonität erhöht sich der Forderungsausfall und damit der Wertberichtigungsbedarf. Die Kreditangebotsfunktion verschiebt sich deshalb nach oben auf K^s_2. In der Praxis führt dies zu einer Verringerung der Darlehensvergabe auf Kr_2 und zu einem Anstieg des Zinsniveaus auf r_2 (①,②). Somit ist auch die Sekundärgeldschöpfung der Geschäftsbanken geringer als in der Ausgangssituation, was zu einem Rückgang des Geldangebotes von M^s_1 auf M^s_2 unter sonst gleichen Bedingungen führt (③).

Zusammenfassend lässt sich das Geldangebot M^s durch folgende Gleichung bestimmen:

$$M^s = m[r, r_r, c, s, r_{GB}] \cdot B\,.$$

„m“ stellt wiederum den ***Geldschöpfungsmultiplikator*** der Geschäftsbanken dar und ist eine Funktion der Bestimmungsgrößen, die in Klammern angeführt sind.

In der u. a. Tabelle möchte der Verfasser die gesamten Determinanten des Geldangebotes M^s auflisten, die bisher im Rahmen dieser Monographie herausgearbeitet wurden.

Tabelle 3: Determinanten des Geldangebotes Ms

$\frac{\partial M^s}{\partial r} > 0$	• **Steigt (sinkt) das Kapitalmarktzinsniveau und damit der Kreditzins r, steigt (sinkt) c. p. das Geldangebot M^s**
$\frac{\partial M^s}{\partial r_r} < 0$	• Steigen (sinken) die Refinanzierungszinsen r_r, sinkt (steigt) c. p. das Geldangebot M^s
$\frac{\partial M^s}{\partial c} < 0$	• Steigt (sinkt) der Bargeldhaltungskoeffizient c der privaten Nichtbanken, sinkt (steigt) c. p. das Geldangebot M^s.
$\frac{\partial M^s}{\partial EK} < 0$	• Steigt (sinkt) das Ausmaß der Eigenkapitalunterlegung EK durch die Geschäftsbanken, sinkt (steigt) c. p. das Geldangebot M^s.
$\frac{\partial M^s}{\partial r_{GB}} < 0$	• Steigt (sinkt) der Reservehaltungskoeffizient r_{GB} der Geschäftsbanken, sinkt (steigt) c. p. das Geldangebot M^s.
$\frac{\partial M^s}{\partial s} < 0$	• Steigt (sinkt) das Insolvenzrisiko s der Kreditnehmer, sinkt (steigt) c. p. das Geldangebot M^s.
$\frac{\partial M^s}{\partial B} > 0$	• Steigt (sinkt) die monetäre Basis (= Zentralbankgeldmenge) B, steigt (sinkt) c. p. das Geldangebot M^s.

2.5 Übungen

Übungsaufgabe 1:

Die deutsche Bankenlandschaft ist u. a. folgenden veränderten Rahmenbedingungen ausgesetzt:

a. Die Zahl der Direktbanken und privaten Kreditplattformen (wie eLolly, auxmoney, Money4Friends und smava) wächst stetig;
b. Darüber hinaus ist eine abnehmende Loyalität gegenüber der Hausbank aufgrund eines höheren Bildungsniveaus sowie durch zunehmend kritischere und konditionsreagible Kunden feststellbar;
c. Für den Vergleich von Bankkonditionen wird verstärkt das Internet verwendet.

(1) Prüfen Sie anhand der Kriterien für einen vollkommenen Markt, inwieweit die aktuellen Entwicklungstrends zu einem ***vollkommenen Kreditmarkt*** in Deutschland beitragen.

(2) Auf der Grundlage der Ergebnisse unter 1. prognostizieren Sie bitte, wie sich die Differenzen in den Konditionen einzelner Kreditinstitute in Zukunft entwickeln werden.

Lösung:
Ad (1): Der Zuwachs an Direktanbietern und privaten Kreditplattformen (a) erhöht die Zahl der Anbieter auf dem Kreditmarkt und führt zu einem verstärkten Konkurrenzdruck zwischen den Kreditinstituten (1. Kriterium für einen vollkommenen Markt). Die wegbrechende ***Bankenloyalität*** erhöht die Reaktionsgeschwindigkeit von Bankkunden auf Marktänderung und reduziert die Relevanz örtlicher, zeitlicher und personeller Präferenzen für die Aufnahme und den Fortbestand einer Bankverbindung (4. und 5. Kriterium). Die zunehmende Nutzung des Internets zum Vergleich von Konditionen erhöht darüber hinaus die Markttransparenz.
Ad (2): Alle o. a. Trends belegen, dass die deutsche Bankenlandschaft sich zunehmend zu einem vollkommenen Markt entwickelt, sodass langfristig Differenzen in den Konditionen in vielen Bereichen des Bankengeschäftes nicht haltbar sind. Es wird deshalb zu einer Vereinheitlichung der Bankkonditionen kommen.

Übungsaufgabe 2:
2009 kam es zu einem Konjunktureinbruch, der stärker war als jede Rezession vorher in der Geschichte der Bundesrepublik Deutschland. Erläutern Sie grafisch und verbal mit Hilfe der Kreditmarkttheorie von Brunner und Meltzer, welchen Einfluss dieser Rückgang des BIP auf die gleichzeitig beobachtete Schrumpfung des Geldmengenwachstums für M_3 gehabt haben könnte, obwohl die EZB die Zentralbankgeldmenge B (eher) ausgeweitet hat.

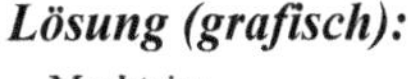

Lösung (grafisch):

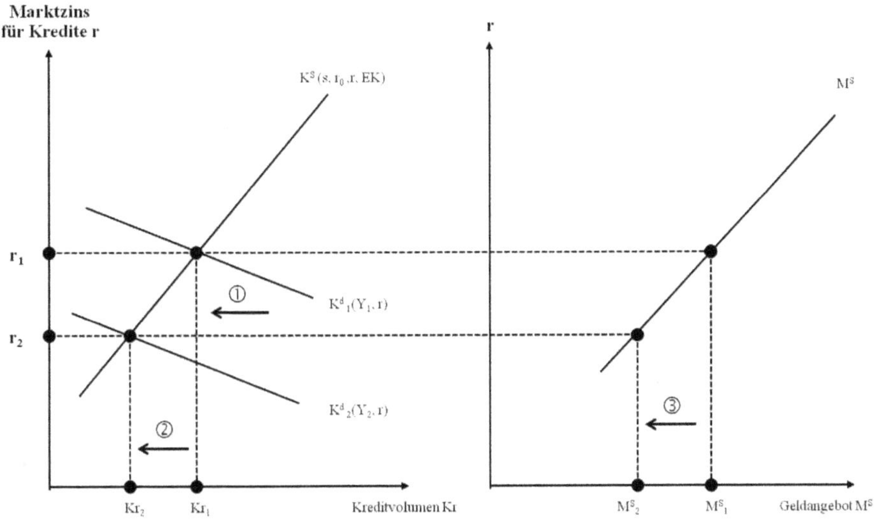

Abbildung 14: Geldangebot und Rezession

Lösung (verbal):

Aus der Aufgabenstellung ist zu entnehmen, dass der Rückgang der Geldmenge M_3 nicht auf eine restriktivere Vergabe von Zentralbankgeld (B) zurückzuführen ist, sodass die Ursache im Rahmen der Kreditmarkttheorie auf der Ebene der reduzierten Sekundärgeldschöpfung der Geschäftsbanken zu finden ist. Primärer Impuls hierfür ist der Konjunktureinbruch, der zu einer rückläufigen Nachfrage nach Krediten führte (①) und damit zu einer Senkung der Kreditvergabe auslöste (②). Selbst bei gleich bleibender Zentralbankgeldmenge würde dies zu einem reduzierten Geldangebot M^s_2 führen (③).

2.6 Bestimmungsfaktoren der Geldnachfrage

Es werden in der Literatur zwei Gründe (= ***Kassenhaltungsmotive)*** angeführt, warum Geld bar oder als Sichteinlage gehalten wird, obwohl in dieser Situation Opportunitätskosten durch entgangene Zinserträge entstehen:

- das ***Transaktions-und Vorsichtskassenhaltungsmotiv***
- und das ***Spekulationskassenhaltungsmotiv***.

2.6.1 Das Transaktions- und Vorsichtskassenhaltungsmotiv

Im täglichen Leben fällt eine Vielzahl von wirtschaftlichen Vorgängen an, die mit Ein- und Auszahlungsströmen verbunden ist. Diese Zahlungsströme fallen zeitlich asynchron an: Z. B. muss eine Reparatur am Auto bezahlt werden, wenn man die Dienstleistung in Anspruch nimmt und nicht erst dann, wenn das Geld auf das Konto gebucht wird. Feststellbar ist ebenfalls, dass sowohl das Volumen der Zahlungsströme als auch deren Schwankungen (die sog. Volatilität) mit wachsendem Einkommen Y zunehmen, sodass auch eine höhere Transaktions- und Vorsichtskasse erforderlich ist. Speziell die Vorsichtskasse liefert einen Puffer für unvorhersehbare Ereignisse, deren Wahrscheinlichkeit auch mit wachsendem Einkommen zunimmt. Grafisch lassen sich diese Zusammenhänge wie folgt darstellen.

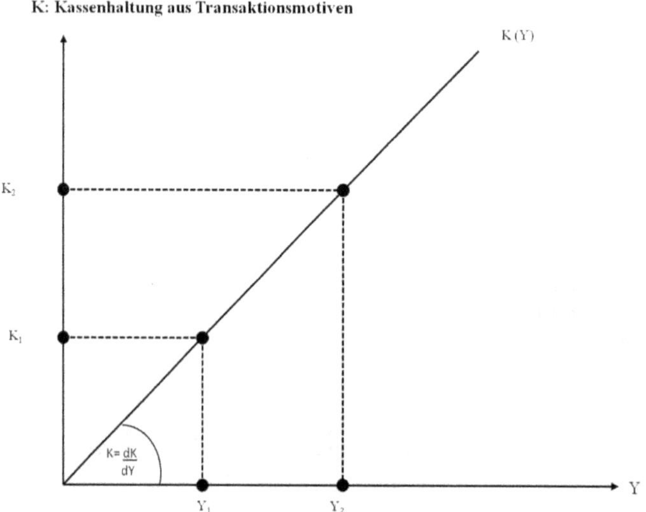

Abbildung 15: Transaktionskassenhaltung K in Abhängigkeit vom Einkommen Y

Die Ausgangssituation ist durch die Koordinaten (K_1; Y_1) beschrieben. Der Zuwachs des Einkommens auf Y_2 (①) führt auch zu einem Anstieg der Transaktions- und Vorsichtskasse auf K_2. K(Y) stellt somit die Geldhaltung aus Transaktions-und Vorsichtsmotiven dar. Die Steigung der Geraden wird durch den Tangens $k = \frac{dK}{dY}$ bestimmt. "k" wird als Kassenhaltungskoeffizient bezeichnet und drückt den prozentualen Anteil der Geldnachfrage im Verhältnis zum Einkommen aus. Ist z.B. K = 500 € und Y = 2.500 € beträgt k = 0,2 bzw. 20 Prozent.

2.6.2 Das Spekulationskassenhaltungsmotiv

In der Literatur wird neben der Transaktions- und Vorsichtskasse noch ein weiterer Grund für die Kassenhaltung angeführt: die ***Geldhaltung aus Spekulationsmotiven***. Am besten lässt sich diese Geldnachfrage verdeutlichen, wenn Sie Kunde eines ***Internetbrokers*** (wie z. B. S broker, com direct, Onvista Bank oder Cortal Consors) werden wollen. Dann müssen Sie als Grundvoraussetzung ein Depot eröffnen, von dem dann bei einer entsprechenden Kapitalanlage Beträge abgebucht werden können. Je höher die zu erwartende Rendite aus der Kapitalanlage, umso niedriger wird der Kontostand auf ihrem Depot sein.

Als Maßstab (=Benchmark) für die zu erwartende Rendite ist die ***Effektivverzinsung*** (Umlaufrendite) handelbarer, festverzinslicher Wertpapiere des Bundes (Bundesanleihen, Bundesobligation), die für den Erwerber eine risikolose Anlageform darstellen. Nimmt deren Effektivverzinsung zu, dann müssen auch risikobehaftete Anlageformen (Aktien usw.) eine höhere Rendite offerieren, damit es zur Abdeckung des Kapitalbedarfs kommen kann. Festzuhalten ist, dass dieser Teil der Geldnachfrage c. p. negativ mit dem Zinsniveau korreliert.

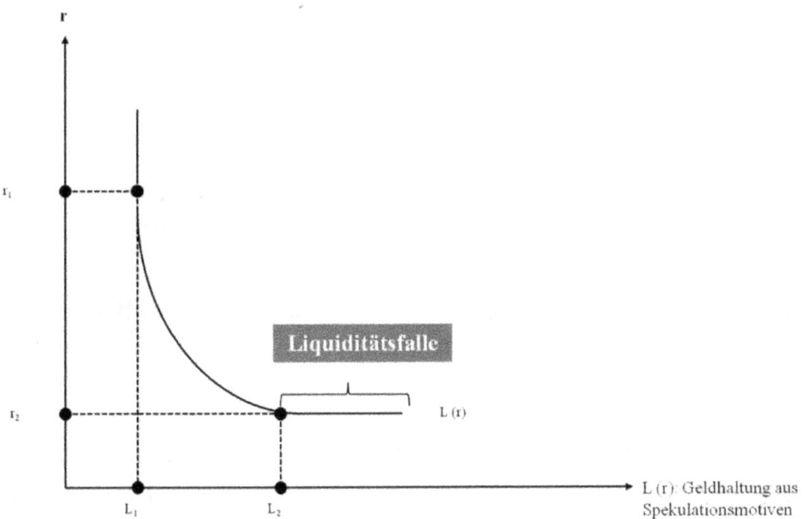

Abbildung 16: Spekulationskassenhaltung L in Abhängigkeit vom Zinsniveau r

In der o. a. Abbildung führt eine Senkung des Zinsniveaus von r_1 auf r_2 dazu, dass die Geldnachfrage aus Spekulationsmotiven von L_1 auf L_2 wächst. Als primärer Grund sind die gesunkenen ***Opportunitätskosten*** (=entgangene Kapitalzinsen) aus der fehlenden Kapitalanlage zu nennen. Im nächsten Kapitel soll nun geklärt werden, was unter dem gesamtwirtschaftlichen Zinsniveau r konkret zu verstehen ist.

Zusammenhang zwischen der Nachfrage nach festverzinslichen Wertpapieren, Börsenwert und Effektivverzinsung

Auf den Bundesanleihen und -obligationen ist der Nennwert der Anleihe sowie die Nominalverzinsung und Laufzeit aber nicht der Name des Erwerbers aufgedruckt. Sie werden deshalb auch von den Juristen als sog. Inhaberpapiere und nicht als Namenspapiere bezeichnet: Der Staat schuldet also dem jeweiligen Inhaber – egal wer dieses Papier zuerst erworben hat – die Rückzahlung der Verbindlichkeiten sowie die Zinszahlungen.

Erwirbt ein Kapitalanleger bei einer Neuemission dieses festverzinsliche Wertpapier und behält es bis zum Ende der Laufzeit, entspricht die ***Nominalverzinsung*** der ***Effektivverzinsung***.

Beispiel:
Beginn der Laufzeit (Emission): 1.1.2010;
Nennwert: 1.000 €;
Nominalverzinsung: 5 % p. a., d.h.: 50 € p. a.;
Laufzeit: 10 Jahre.
Erfolgt zu den o. a. Bedingungen der Erwerb zum 1.1.2010, bezieht der Kapitalanleger jedes Jahr Zinserträge in Höhe von 50 € und erhält den Nennwert in Höhe von 1.000 € zurückgezahlt.
Der Vorteil dieser Bundesanleihen und -obligationen ist allerdings, dass sie jederzeit vor Ende der Laufzeit an Dritte veräußert werden können. Hier ergibt sich der ***Börsenwert*** (An- bzw. Verkaufskurs, ***Kurswert***) über die entsprechende Nachfrage und über das Angebot an noch nicht fälligen festverzinslichen Wertpapieren. Was die Entwicklung des Börsenwertes betrifft, können prinzipiell zwei Szenarien dargestellt werden.

Szenario I:
Während der Laufzeit der Anleihe haben sich die Kapitalmarktzinsen nach oben (größer als 5 % p. a.) entwickelt. In dieser Situation hat der potenzielle Erwerber der noch nicht fälligen Anleihe die alternative Möglichkeit, ein neu emittiertes Wertpapier zu einer höheren Nominalverzinsung zu erwerben. Zwar spielt natürlich die Restlaufzeit aufgrund der Liquiditätspräferenz eine Rolle. Er wird aber unter den oben aufgeführten Bedingungen nicht mehr bereit, den Nominalwert von 1.000 € zu zahlen. Insgesamt sinkt also die Nachfrage nach dem o. a. Wertpapier, sodass der Börsenwert rückläufig ist. Nehmen wir an, dass er diese Anleihe Ende 2014 für 800 € erwirbt. Dann bekommt er Ende 2019 von der Bundesrepublik 1.000 € zurückgezahlt (Agio 200 €; über die Restlaufzeit von 5 Jahren verteilt, sind das jeweils 40 € pro Jahr) und erhält 50 € Zinsen p. a.. Zu berücksichtigen ist hier aber, dass sein Einsatz **nicht** 1.000 € sondern 800 € betrug, sodass sich seine Effektivverzinsung r p. a. (annäherungsweise)[13] wie folgt berechnet lässt:

$$r_{[\text{Effektivverzinsung}]} = \frac{50\,€ + 40\,€}{800\,€} = \frac{90}{800} = 11{,}25\,\%.$$

[13] Der Verfasser zinst zum Beispiel das Agio, was der Erwerber erst Ende 2019 erhält, nicht auf den Gegenwartszeitraum ab.

Fazit:
In dieser Situation steigt die Effektivverzinsung für den Erwerber auf 11,25 %. Kommt es zu einem Anstieg der Kapitalmarktzinsen, ist die Nachfrage nach laufenden, noch nicht fälligen festverzinslichen Wertpapieren gering, was den Börsenkurs sinken und die Effektivrendite erhöhen lässt.

Szenario II:
Während der Laufzeit der Anleihe haben sich die Kapitalmarktzinsen reduziert. Deshalb wird die Nachfrage nach dem o. a. fest verzinslichen Wertpapiere wachsen, was zu einem Anstieg des Börsenwertes führt. Nehmen wir an, dass ein Käufer diese Anleihe Ende 2014 für 1.100 € erwirbt. Dann bekommt er Ende 2019 von der Bundesrepublik nur 1.000 € zurückgezahlt (Disagio 100 über die Restlaufzeit von 5 Jahren verteilt, sind das jeweils 20 € pro Jahr) und erhält 50 € Zinsen p. a.. Zu berücksichtigen ist hier aber, dass sein Einsatz **nicht** 1.000 € sondern 1.100 € betrug, sodass sich seine Effektivverzinsung r p. a. (annäherungsweise)[14] wie folgt berechnet lässt:

$$r_{[\text{Effektivverzinsung}]} = \frac{50\,€ - 20\,€}{1.100\,€} = \frac{30}{1.100} \approx 2{,}73\,\%.$$

Fazit:
In dieser Situation sinkt die Effektivverzinsung für den Erwerber der noch nicht fälligen Anleihe auf ungefähre 2,73 %. Kommt es zu einer Reduzierung der Kapitalmarktzinsen, ist die Nachfrage nach laufenden, noch nicht fälligen festverzinslichen Wertpapieren hoch, was den Börsenkurs steigen und die Effektivrendite senken lässt.

Der Bereich der Liquiditätsfalle
Es wurde bereits darauf hingewiesen, dass die Spekulationskassenhaltung wächst, je niedriger das Zinsniveau r ist, da die Opportunitätskosten der Kassenhaltung rückläufig sind. Ab einem sehr niedrigen Zinsniveau (in unserer Abb. r_3) kommt es jedoch nicht mehr zu weiteren Zinssenkungen. Normalerweise versucht eine Notenbank durch eine Ausweitung der Geldmenge (dM > 0;③) Kapitalanleger dazu zu bewegen, festverzinsliche Wertpapiere zu kaufen. Dadurch würde der Börsenkurs / Kurswert steigen und die Umlaufrendite r sinken. „r“ spiegelt das gesamtwirtschaftliche Zinsniveau wider. Eine Senkung von r hätte deshalb Konjunktur stimulierende Wirkung.
In der ***Liquiditätsfalle*** liegt jedoch bereits ein historisch niedriges Zinsniveau vor (z.B. Mitte 2005).

[14] Der Verfasser zinst zum Beispiel das Agio, was der Erwerber erst Ende 2019 erhält, nicht auf den Gegenwartszeitraum ab.

Alle potenziellen Kapitalanleger rechnen deshalb in näherer Zukunft mit steigenden Zinsen. Das zusätzlich angebotene Geld fließt deshalb vollständig in die Spekulationskasse (= wird gehortet), weil die Kapitalanleger durch den Verzicht auf die Kapitalanlage nur niedrige Opportunitätskosten befürchten müssen. Diese niedrigen Opportunitätskosten sind durch die geringe aktuelle Verzinsung r und den Kursverlusten bei einem zukünftigen Verkauf der Anlagen begründet. In dieser Situation ist also die Geldnachfrage aus Spekulationsmotiven vollkommen elastisch ($L = -\infty$), d. h. jeder zusätzlich in Umlauf gebrachte € fließt in die Spekulationskasse (= wird gehortet), sodass keine weitere zusätzliche wirtschaftliche Aktivität (Kauf von Wertpapieren, Zunahme der Konsum- und Investitionsneigung) durch eine expansive Geldpolitik verursacht werden kann. Eine zusätzliche Kreditvergabe aus der Ausweitung des Geldangebotes ist darüber hinaus in dem Bereich der Liquiditätsfalle nicht denkbar: Neben der nur extrem niedrigen Verzinsung ist das Ausfallrisiko aufgrund der allgemeinen Unsicherheiten über die zukünftige Wirtschaftsentwicklung so hoch, dass sich eine Vergabe nicht lohnen würde. Diese ***Kreditrationierung*** durch die Geschäftsbanken verhindert, dass die zusätzliche Liquidität zu zusätzlicher Konsum- und Investitionsnachfrage führen kann.

Fazit:

Die Geldpolitik ist in dieser Situation vollkommen unwirksam zur Belebung der Konjunktur. ***Paul Krugman***, Nobelpreisträger für Wirtschaftswissenschaften 2008, beschrieb die Situation der Liquiditätsfalle, in der sich Japan von 1997 – 2003 befand, in der für ihn typischen Weise: In dieser Situation hätte die japanische Notenbank mit einer expansiven Geldpolitik nur dann Konjunktur stimulierende Wirkungen induzieren können, indem sie – so seine nicht Ernst gemeinte Empfehlung – alle Hubschrauber des Landes mit Yen vollpackt und diese Scheine an einem verkaufsoffenen Samstag über die Ginza, der Hauptshopping-Meile Tokios, abwirft (***Repave the Ginza with Yen***).

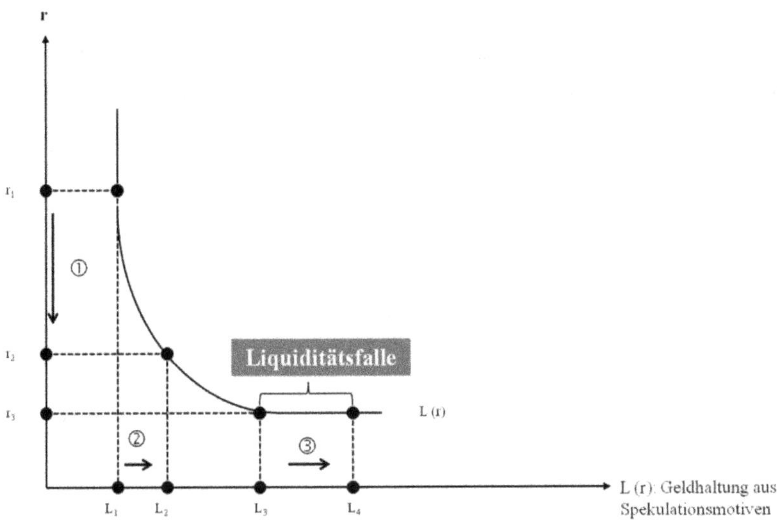

Abbildung 17: Spekulationskassenhaltung L in Abhängigkeit vom Zinsniveau r

Fassen wir noch einmal die Bestimmungsgründe der Geldnachfrage in der u. a. Tabelle zusammen.

Tabelle 4: Geldnachfrage L (r) und K (Y)

$\frac{\partial L}{\partial r} < 0$	Steigt (sinkt) das gesamtwirtschaftliche Zinsniveau r, sinkt (steigt) c. p. die Geldnachfrage aus Spekulationsmotiven
$\frac{\partial K}{\partial Y} > 0$	**Steigt (sinkt) das Einkommen Y, steigt (sinkt) c. p. die Geldnachfrage aus Transaktions- und Vorsichtsmotiven K**

Der Bereich der Investitionsfalle

In der ***Investitionsfalle*** reagieren die privaten Investitionen nicht auf Zinsänderungen, d.h. die Steigung der Investitionsfunktion I‘ ist gleich Null. In dieser Situation, die konjunkturell als Rezession oder sogar als Depression bezeichnet werden kann, liegen bereits enorme Überkapazitäten vor, d.h. es könnten bei einer entsprechenden Nachfrage viel mehr Güter produziert und abgesetzt werden als bei dieser massiven Unterauslastung des Fertigungspotenzials. Diese Überkapazitäten prägen entscheidend die pessimistischen Erwartungen der Investoren. Eine Zinssenkung würde zwar die Investitionskosten senken. Es gibt aber hier überhaupt keinen Grund zusätzliche Kapazitäten zu schaffen, wenn die vorhandenen überhaupt nicht ausgelastet und die Zukunftserwartungen keineswegs rosig sind. Somit hat eine Zinsveränderung innerhalb des Zinsintervalls keinen Einfluss auf die Investitionsentscheidung.

In der u. a. Abbildung ist das Phänomen der Investitionsfalle grafisch dargestellt. Ab einem Zinssatz von r_1 führt eine weitere Reduzierung des Zinsniveaus (in unserem Fall auf r_2) aus den oben beschriebenen Gründen zu keiner weiteren Belebung des Investitionsvolumens. Fazit: die Geldpolitik ist in auch in dieser Situation vollkommen unwirksam zur Belebung der Konjunktur.

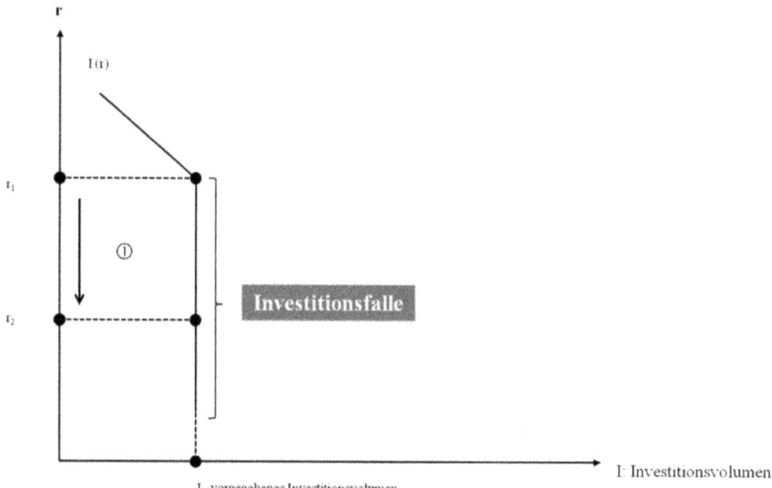

Abbildung 18: Investitionsfalle

3 Herleitung des IS-LM Modells

3.1 Herleitung der IS-Funktion

3.1.1 Grafische Herleitung der IS-Funktion

Als geistige Väter des IS-LM Modells werden ***Alvin Hansen*** und ***John Hicks*** bezeichnet. Im Verlauf dieses Lehrbuches wird das IS-LM Modell um außenwirtschaftliche Effekte in Form der sogenannten ***BP-Funktion*** erweitert. In der Literatur wird dieses Modell dann nach seinen beiden Schöpfern als ***Mundell-Fleming Modell***[15] bezeichnet.

Der große Vorteil dieses Modells ist, dass die wechselseitigen Beziehungen (= Interdependenzen) zwischen Güter- (IS-Funktion), Geld- (LM-Funktion) sowie der Zahlungsbilanz (BP-Funktion) analysiert werden können. Für den interessierten Leser ist es deshalb notwendig, die Herleitung der einzelnen Funktionen nachvollziehen zu können.

15 ***Robert Mundell*** lehrt an der Columbia University in New York (geboren am 24. Oktober 1932 in Kingston, Ontario) und erhielt 1999 der Nobelpreis für Wirtschaftswissenschaften; ***John Marcus Fleming*** (1911–1976) war stellvertretender Direktor in der Forschungsabteilung des Internationalen Währungsfonds.

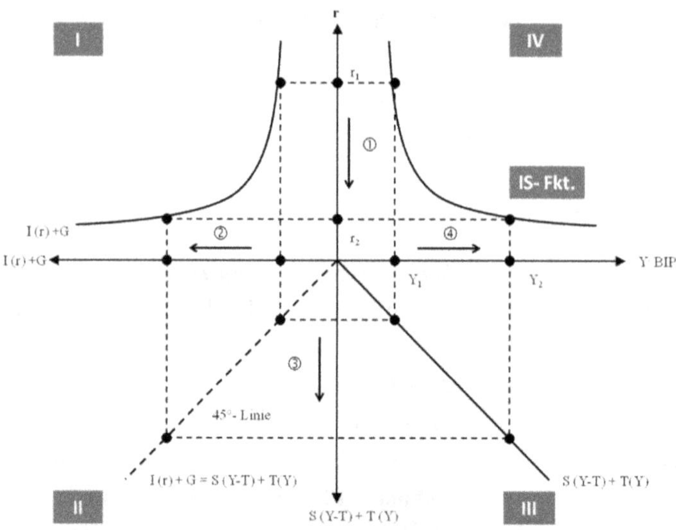

Abbildung 19: Graphische Herleitung des Gütermarktgleichgewichts (IS-Funktion)

3.1.2 Analytische Herleitung der IS-Funktion

Die IS-Funktion ist der geografische Ort aller Zins(r)- und Einkommens(Y)-Kombinationen, in dem das Gütermarktgleichgewicht herrscht. Das Gütermarktgleichgewicht ist dort gegeben, wo die Güterproduktion Y^s der Güternachfrage Y^d entspricht. In einer geschlossenen Volkswirtschaft[16] lässt sich die gesamtwirtschaftliche Nachfrage Y^d wie folgt definieren:

$$Y^d = C + I + G. \qquad (1)$$

Die Verwendung des Einkommens der Anbieter ergibt sich nachfolgend:

$$Y^s = C + S + T. \qquad (2)$$

Im Gütermarktgleichgewicht in einer geschlossenen Volkswirtschaft muss (1) = (2) gelten. Da in beiden Gleichungen die Konsumausgaben C enthalten sind, lässt sich das Gütermarktgleichgewicht durch

$$I + G = S + T \text{ beschreiben.} \qquad (3)$$

Somit lässt sich die grafische Herleitung der IS-Funktion in **Abb. 19** nachvollziehen. Im ersten Quadranten sind die Investitionen I in Abhängigkeit von dem Zinsniveau r und die von politischer Seite, also nicht im Modellzusammenhang bestimmbaren, Staatsausgaben G abgetragen. Unter sonst gleichen Bedingungen wächst die Summe aus privaten Investitionen und Staatsausgaben mit sinkendem Zinsniveau.

---

[16] Generell gelten die dargestellten Zusammenhänge auch für eine offene Volkswirtschaft. Hier werden zusätzlich bei der Güternachfrage der Export- und Importwert noch zusätzlich erfasst.

Im 2. Quadranten ist die Gleichgewichtsbedingung für den Gütermarkt (3) abgetragen, d. h. für jedes Volumen an I + G muss ein Finanzierungsvolumen S + T in identischer Höhe im Gleichgewicht realisiert werden. Das Finanzierungsvolumen S+T ist im entscheidenden Maß von der Höhe des BIP Y abhängig. Je höher das BIP Y, desto größer ist auch das Finanzierungsvolumen. Diese positive Korrelation ist im III. Quadranten beschrieben. Über die Verknüpfung der Quadranten I.- III. erhalten wir den ersten Punkt auf der IS-Funktion im IV. Quadranten. Sinkt das Zinsniveau von r_1 auf r_2 (①) nehmen c. p. die Investitionen und Staatsausgaben I+G zu (②). Dann muss auch das Finanzierungsvolumen S + T wachsen (③), damit der Gütermarkt im Gleichgewicht bleibt, was nur mit einem höheren BIP Y realisierbar ist. Somit ist auch der zweite Punkt auf der IS-Funktion feststellbar. Die Verknüpfung der einzelnen Punkte, die das Gütermarktgleichgewicht beschreiben, lassen sich also in Form der IS-Funktion im IV. Quadranten darstellen.
Zur Bestimmung der **Steigung der IS-Funktion** gehen wir deshalb von der Definitionsgleichung für die gesamtwirtschaftliche Güternachfrage $Y^{(d)}$[17] aus.

$$(1)\, Y^{(d)} = C\left[Y - t \cdot Y\right] + I(r) + G;$$

wobei C die privaten Konsumausgaben, T = t•Y das Steueraufkommen, I die privaten Investitionen und G die Staatsausgaben darstellen. Sowohl Konsum als auch Steueraufkommen sind vom gesamtwirtschaftlichen Einkommen Y (=BIP) abhängig. Die Investitionen korrelieren negativ mit dem gesamtwirtschaftlichen Zinsniveau r, während die Staatsausgaben G (G: governmental spending) auf politischem Weg bestimmt werden und deshalb im Modellzusammenhang exogen (= von außen) vorgegeben sind.

Die Bestimmung der Steigung der IS-Funktion $\frac{dr}{dY}$ ist notwendig, um z. B. festzustellen, um wie viel Mrd. € das BIP Y zur Belebung der privaten Konsumneigung steigen muss, damit eine Zinserhöhung dr, die zu einem Rückgang der privaten Investitionsneigung führt, ausgeglichen wird, d. h. die gesamtwirtschaftliche Güternachfrage Y^d sich nicht ändert.
Zur Bestimmung der Steigung wird das sog. totale Differenzial der Gleichung (1) ermittelt:

$$(2)\, dY = c \cdot \left[dY - t \cdot dY\right] + I' \cdot dr\,;$$

wobei c die marginale Konsumquote, d.h. die erste Ableitung der Konsumfunktion, t den marginalen Steuersatz und I‘ die erste Ableitung der Investitionsfunktion darstellen. Zur Bestimmung der Steigung $\frac{dr}{dY}$ sind noch einige einfache Äquivalenzumformungen notwendig.

[17] Zukünftig wird die Güternachfrage nur noch mit Y bezeichnet.

$$(3)\ dY = c \cdot dY - c \cdot t \cdot dY + I' \cdot dr$$

$$(4)\ dY - c \cdot dY + c \cdot t \cdot dY = I' \cdot dr$$

$$(5)\ dY \cdot [1 - c \cdot (1 - t)] = I' \cdot dr$$

$$(6)\ \text{Steigung der IS-Funktion}: \frac{dr}{dY} = \frac{[1 - c \cdot (1 - t)]}{I'}$$

Die Bedeutung der Gleichung (6) lässt sich am besten anhand eines Zahlenbeispiels veranschaulichen.

Bestimmen Sie die Zinsänderung (dr), die notwendig ist, damit unter der Bedingung der unten aufgeführten Gleichungen der Gütermarkt wieder im Gleichgewicht ist, wenn das BIP um 100 (Mrd. €) sinkt.

(1) $C = 200 + 0{,}8 \cdot (Y - T(Y))$ bzw. unter Berücksichtigung von (2)

$C = 200 + 0{,}8\ (Y - 0{,}5 \bullet Y)$ oder
$C = 200 + 0{,}4 \cdot Y$

(2) $T(Y) = 0{,}5 \cdot Y$

(3) $I\ (r) = 2.000 - 10 \cdot r$

(4) $dY^{brutto} = -100$ Mrd. €, $dY^{brutto} - t \cdot Y = -50$

Zuerst einmal bestimme ich die erste Ableitung der Gleichungen (1) bis (3):

(1) $\frac{dC}{dY} : c = 0{,}4;$

(2) $t = 0{,}5;$

(3) $I' = -10.$

Dann sind wir in der Lage, die Zahlen in die Gleichung (6) einzusetzen:

$$\frac{dr}{-50} = \frac{1 - 0{,}4 \cdot (1 - 0{,}5)}{-10}$$

$$\frac{dr}{-50} = \frac{1 - 0{,}2}{-10}$$

$$dr = \frac{0{,}8}{-10} \cdot -50$$

$$dr = \frac{-40}{-10} = 4\ \text{(Prozent)}.$$

Eine 4 prozentige Zinserhöhung hätte unter den Modellannahmen denselben Effekt wie ein Rückgang des BIP um 100 Mrd. €.

Eine Erhöhung der Staatsausgaben führt in unserem Modell im ersten Quadranten zu einer Linksverschiebung der I(r)+G-Funktion (①), da G_2 größer sind als G_1. Im Gleichgewicht des Gütermarktes (II. Quadrant) muss deshalb auch das Finanzierungsvolumen S + T für die höheren Staatsausgaben und Investitionen steigen, was nur bei einem Anstieg des BIP möglich ist. Insgesamt verschiebt sich also die IS-Funktion im IV. Quadranten nach rechts, d. h. unter der Bedingung wachsender Staatsausgaben ist das Gütermarktgleichgewicht nur bei einem höheren Zins- und BIP-Niveau realisierbar.

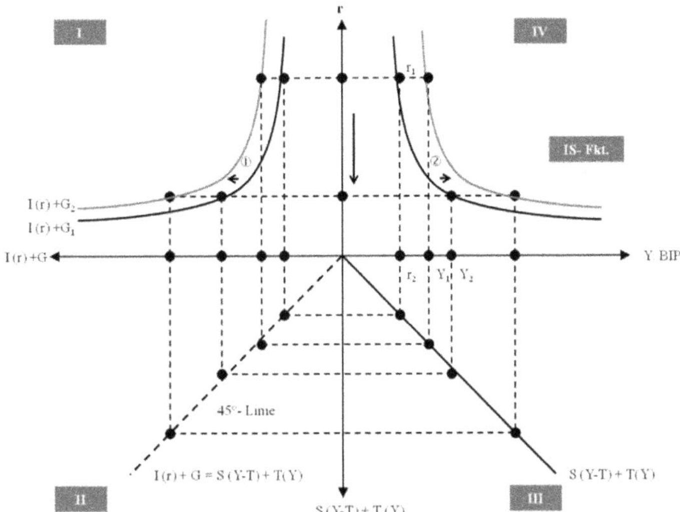

Abbildung 20: Erhöhung der Staatsausgaben (G_2>G_1)

3.2 Herleitung der LM-Funktion

3.2.1 Grafische Herleitung der LM-Funktion

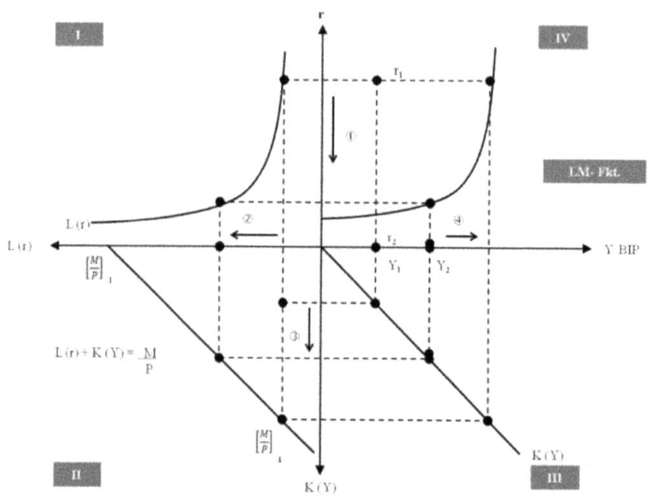

Abbildung 21: Graphische Herleitung des Geldmarktgleichgewichts (LM-Funktion)

3.2.2 Analytische Herleitung der LM-Funktion

Die LM-Funktion beschreibt den geometrischen Ort aller Zins- (r) und Einkommens-kombinationen (Y) für die gilt: (1) Geldangebot $\left[\frac{M}{P}\right]$ = Geldnachfrage L (r) + K (Y).

Die Geldnachfrage aus Spekulationsmotiven L korreliert negativ mit dem gesamtwirtschaftlichen Zinsniveau r, d. h. sinkt c. p. das Zinsniveau, nehmen die Opportunitätskosten der Geldhaltung ab, was zu einem Anstieg der Spekulationskassenhaltung L führt (siehe 1. Quadrant) Im II. Quadranten ist die Gleichung für das Geldmarktgleichgewicht $\frac{M}{P} = L(r) + K(Y)$ visualisiert. Für eine aus dem I. Quadranten abgeleitete Spekulationskasse und ein vorgegebenes reales Geldangebot $\left[\frac{M}{P}\right]_1$ ist eine bestimmte Transaktionskassenhaltung K erforderlich, damit der Geldmarkt im Gleichgewicht ist. Die Transaktionskassenhaltung korreliert positiv mit der Höhe des Einkommens Y, das im III. Quadranten abgetragen ist. Die Verknüpfung der Quadranten I. bis III. führt im IV. Quadranten zum ersten Punkt der LM-Funktion. Sinkt das Zinsniveau im I. Quadranten nimmt unter sonst gleichen Bedingungen die Spekulationskassenhaltung zu.

Dann ist bei vorgegebenem realem Geldangebot $\left[\frac{M}{P}\right]_1$ weniger Transaktionskasse K für das Gleichgewicht erforderlich. Das für die geringere Transaktionskasse notwendige Einkommen sinkt ebenfalls. Im IV. Quadranten wird somit der zweite Punkt des Geldmarktgleichgewichts dargestellt.

Zur Bestimmung der Steigung der LM-Funktion muss das totale Differenzial der Gleichung

(1) gebildet werden:

(2) $0 = L' \cdot dr + K' \cdot dY$

Dann lösen wir nach $\frac{dr}{dY}$, zur Steigung der LM-Funktion auf:

(3) $\frac{-K'}{L'} = \frac{dr}{dY}$: Steigung der LM-Funktion

Auch hier möchte der Verfasser die Bedeutung der Gleichung (3) durch ein Zahlenbeispiel verdeutlichen. Wie in dem Ausgangsbeispiel auf dem Gütermarkt wird wieder die Veränderung des Zinsniveaus (dr?) gesucht, die bei einer Senkung des BIP von 100 (Mrd. €) notwendig ist, um das Gleichgewicht auf dem Geldmarkt wieder herzustellen.

(1) $K(Y) = 0{,}5 \cdot Y$

(2) $L(r) = 200 - 20 \cdot r$ und

(3) $dY = -100$

Lösung:

Zuerst bilden wir die Ableitung der Gleichung (1) und (2) und setzen diese Werte neben der Veränderung des BIP von – 100 in die Steigung der LM-Funktion ein.

K‘= 0,5

L‘ = - 20.

$\frac{dr}{dY} = \frac{-K'}{L'}$; somit gilt speziell für das Zahlenbeispiel

$\frac{dr}{-100} = \frac{-0{,}5}{-20}$ bzw.

$dr = \frac{-0{,}5}{-20} \cdot [-100] = -2{,}5$ (Prozent).

Da sich in diesem Zahlenbeispiel das reale Geldangebot $\left[\frac{M}{P}\right]$ nicht ändert, kann der Rückgang der Nachfrage nach Transaktionskasse K, der durch die Senkung des BIP ausgelöst wurde, nur durch einen Zinsrückgang (dr) von 2,5 Prozent kompensiert werden, der die Spekulationskasse um den Betrag (+ 50 Mrd. €) erhöht, um den die Transaktionskasse (-50 Mrd. €) gesunken ist.

Wie wirkt sich zum Beispiel eine expansive Geldpolitik durch eine Ausweitung der Geldmenge $\left[\frac{M}{P}\right]_2 > \left[\frac{M}{P}\right]_1$ bzw. durch eine Leitzinssenkung auf die Lage der LM-Funktion aus?

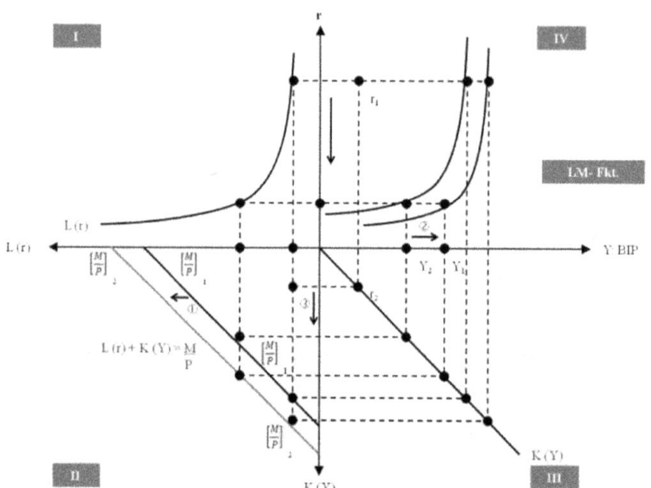

Abbildung 22: Erhöhung des Geldangebotes

Die grafischen Implikationen sind der o.a. Abbildung zu entnehmen. Eine Ausweitung der Geldmenge (= Leitzinssenkung r_r) führt zu einer Außenverschiebung der Geldangebotsfunktion (hier Linksverschiebung) im II. Quadranten. Bei gleichbleibender Spekulationskasse (siehe I. Quadrant) muss im Gleichgewicht die Transaktionskasse wachsen, wozu auch ein Anstieg des BIP notwendig ist. Somit liegt das neue Gleichwicht auf dem Geldmarkt rechts von der Ausgangssituation im IV. Quadranten: Eine expansive Geldpolitik führt somit zu einer Rechtsverschiebung, eine kontraktive Geldpolitik würde somit zu einer Linksverschiebung der LM-Funktion führen.

4 Konjunkturelle Effekte einer expansiven Geld- und Fiskalpolitik in einer geschlossenen Volkswirtschaft

4.1 Expansive Fiskalpolitik im IS-LM Modell außerhalb der Investitions- und Liquiditätsfalle

Eine expansive Fiskalpolitik zur Belebung der Konjunktur wird zumindest zum Teil durch die Aufnahme von Krediten auf dem Kapitalmarkt finanziert. Deshalb wird diese Form von Wirtschaftspolitik auch als ***Deficit Spending*** bezeichnet. Eine vollständig durch Steuererhöhungen abgedeckte Staatsausgabenerhöhung hätte einen zu großen Kaufkraftentzugseffekt, während eine direkt durch Geldmengenausweitung finanzierte Fiskalpolitik vom Gesetzgeber aufgrund der mittel- bis langfristig entstehenden Inflationsgefahren im €-Raum untersagt ist.[18]

Somit ergeben sich aus einer Ausweitung der Staatsausgaben zwei Effekte:

- Zum einen nehmen die Staatsausgaben zu (Rechtsverschiebung der IS-Funktion auf IS_2; ①), was sich positiv und multiplikativ auf das Niveau des BIP auswirkt;
- Die Finanzierung der Staatsausgaben führt aber durch den gestiegenen Kapitalbedarf des Staates auch zu einem Zinsanstieg (von r_1 auf r_2), der sich selbstverständlich auch auf die Kreditzinsen privater Konsumenten- und Investoren auswirkt. Dadurch, dass die Aufnahme von Fremdkapital für die privaten Wirtschaftsteilnehmer teurer wird, kommt es zu einer Verdrängung privater Investitions- und Konsumneigung. Dieser Effekt wird auch als ***Zins-Crowding-Out-Effekt*** bezeichnet.

In der unten angeführten Grafik lassen sich diese beiden Effekte deutlich voneinander isolieren. Käme es zu keinem Zinsanstieg, dann wäre der konjunkturelle Effekt einer Staatsausgabenerhöhung durch die Differenz zwischen $Y_{A'} - Y_1$ beschreiben. Der Zinsanstieg verdrängt aber private Konsum- und Investitionsneigung im Umfang von $Y_{A'} - Y_2$, sodass der Gesamteffekt durch $Y_2 - Y_1$ beschrieben werden kann.

---

18 Dieses Verbot wird (*leider!*) seit der Finanzmarktkrise von der EZB wenig beachtet. So kauft die EZB seit März 2015 jeden Monat im Umfang von 60 Mrd. € auf dem Sekundärmarkt Staatsanleihen auf, was nach Auffassung des Verfassers einer Geldmengenfinanzierung entspricht.

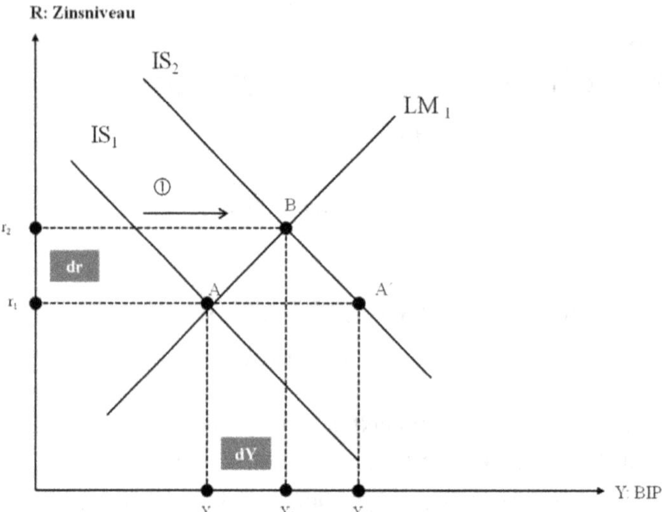

Abbildung 23: Expansive Fiskalpolitik (Normalfall)

4.2 Expansive Fiskalpolitik im IS-LM Modell innerhalb der Investitionsfalle

Innerhalb der Investitionsfalle wirken sich Zinsänderungen nicht negativ auf die privaten Investitionsentscheidungen aus. Dies gilt sowohl für Zinssenkungen, die keinen positiven Einfluss auf die Investitionsneigung haben, als auch für Erhöhungen. Wie wir bereits im o. a. Fall festgestellt haben, führt der gestiegene Kapitalbedarf des Staates aus einer expansiven, kreditfinanzierten Fiskalpolitik (= deficit spending) zu einem Zinsanstieg (siehe **Abb. 23**: Expansive Fiskalpolitik (Normalfall von A →B)). Deshalb dürfte die konjunkturelle Wirkung einer Ausweitung der Staatsausgaben im Bereich der Investitionsfalle höher sein als außerhalb, da der Zinsanstieg nicht zu einem Zins-Crowding-Out Effekt bei den privaten Investitionen führt. In der oben angeführten Abbildung lässt sich der konjunkturelle Effekt einer expansiven Fiskalpolitik im Bereich der Investitionsfalle durch die Differenz $Y_{A'} - Y_1$ kennzeichnen.

Prinzipiell kann eine expansive Fiskalpolitik durch drei Maßnahmen umgesetzt werden:

- Durch die Erhöhung staatlicher Investitionen (dG>0); hier tritt der Staat selbst als Nachfrager auf den Güter- und Dienstleistungsmärkten auf;
- Durch die Erhöhung staatlicher Transferleistungen (dTr>0); hier stellt der Staat zusätzliche Transferleistungen, z. B. über die Erhöhung des Arbeitslosengeldes zur Verfügung; das zusätzliche Einkommen wird dann im Ausmaß der sogenannten marginalen Konsumquote Ausgaben wirksam auf den Güter- und Dienstleistungsmärkten;

- Durch die Senkung der marginalen Steuerbelastung (dt < 0); dadurch erhöht sich das Nettoeinkommen der Steuerpflichtigen und damit die Kaufkraft der Bevölkerung.

Grafisch führen alle drei Maßnahmen zu einer Rechtsverschiebung der IS-Funktion in der o. a. Abbildung. Wie stark die einzelnen Maßnahmen konjunkturelle Wirkungen zeitigen, lässt analytisch bestimmen.

4.2.1 Analytische Herleitung des Staatsausgabenmultiplikators (dG>0)

Zur Bestimmung der konjunkturellen Wirkung dY (in der o. a. Abbildung ist dies der Abstand zwischen Y_2 und Y_1) einer Ausweitung staatlicher Investitionen muss der sog. Staatsausgabenmultiplikator hergeleitet werden.
Im Gütermarktgleichgewicht gilt:

$$Y = C(Y - t \cdot Y) + I(r) + G_{0.}$$

Um die Veränderung des Funktionswertes dY feststellen zu können, die durch erhöhte Staatsausgaben ausgelöst wird, bilden wir das totale Differenzial:

$$dY = c \cdot (dY - t \cdot dY) + I' \cdot dr + dG.$$

Das Ausmaß der Zinsänderung dr wird auf dem Geldmarkt ermittelt, dessen Ausgangsbedingung durch folgende Gleichung geprägt ist:

$$\frac{M}{P} = K(Y) + L(r).$$

Auch hier muss für die Zinsänderung dr das totale Differenzial gebildet werden:

$$0 = K' \cdot dY + L' \cdot dr.$$

Durch Auflösen nach der Zinsänderung ergibt sich für $dr = \frac{-K'}{L'} \cdot dY.$

Die Zinsänderung kann ich nun in die Gütermarktgleichung einsetzen:

$$dY = c \cdot (dY - t \cdot dY) + I' \cdot \frac{-K'}{L'} \cdot dY + dG.$$

Um die Veränderungen von dY feststellen zu können, bringe ich alle Terme mit dY auf die linke Seite:

$$dY - c \cdot (dY - t \cdot dY) + I' \cdot \frac{K'}{L'} \cdot dY = dG.$$

$$dY \cdot \left[1 - c \cdot (1 - t) + \frac{I' \cdot K'}{L'} \right] = dG,$$

sodass für den Staatsmultiplikator gilt:

$$dY = \frac{1}{1 - c \cdot (1 - t) + \frac{I' \cdot K'}{L'}} \cdot dG.$$

Fallstudie und Rechenbeispiel:
Zur Belebung der Konjunktur legt der Bund durch den vollständigen Ausbau der A 94 ein zusätzliches Investitionsprogramm (dG!) im Umfang von 200 Mio. € auf.
Berechnen Sie unter folgenden Annahmen die konjunkturellen Wirkungen (dY?):

- $I = 2.000 - 0{,}1 \cdot r$
- $T = 0{,}3 \cdot Y$
- $K = 0{,}13 \cdot Y$
- $L = 400 - 0{,}1 \cdot r$
- $C = 400$ Mrd. € $+ 0{,}9 \cdot Y$.

Um die Veränderungen des BIP (dY) aus dem Konjunkturprogramm feststellen zu können, müssen die Steigungen der einzelnen Funktionen über die ersten Ableitungen bestimmt werden:

- $I' = -0{,}1$
- $T' (= t) = 0{,}3$
- $K' = 0{,}13$
- $L' = -0{,}1$
- $C' (= c) = 0{,}9$.

In die Gleichung für den Staatsausgabenmultiplikator eingesetzt, ergibt sich:

$$dY = \frac{1}{1 - 0{,}9 \cdot (1 - 0{,}3) + \frac{-0{,}1 \cdot 0{,}13}{-0{,}1}} \cdot 200 \text{ Mio.} € = 2 \cdot 200 \text{ Mio.} € = 400 \text{ Mio.} €.$$

In diesem Fall führt eine Ausweitung staatlicher Investitionen um 200 Mio. € zu einem doppelt so hohen konjunkturellen Effekt (dY = 400 Mio. €).

4.2.2 Analytische Herleitung des Transferausgabenmultiplikators (dTr > 0)

Ob der Staat seine Staatsausgaben durch die Ausweitung staatlicher Investitionen (dG > 0) – also selbst als Nachfrager auftritt - oder durch die Erhöhung von Transferausgaben (dTr > 0; z.B. über ALGII) die Kaufkraft seiner Bürger ausweitet, spielt grafisch keine Rolle: beides führt zu einer Rechtsverschiebung der IS-Funktion).
Bei der analytischen Betrachtung ergeben sich jedoch Unterschiede. Zur Bestimmung der konjunkturellen Wirkung dY (in der o. a. Abbildung ist dies der Abstand zwischen Y_2 und Y_1) einer Ausweitung staatlicher Transferausgaben muss der sog. Transferausgaben-multiplikator hergeleitet werden.

Im Gütermarktgleichgewicht gilt:

$$Y = C\cdot(Y - t\cdot Y + Tr) + I(r).$$

Um die Veränderung des Funktionswertes dY feststellen zu können, die durch erhöhte Staatsausgaben ausgelöst wird, bilden wir das totale Differenzial:

$$dY = c\cdot(dY - t\cdot dY + dTr) + I'\cdot dr.$$

Das Ausmaß der Zinsänderung dr wird auf dem Geldmarkt ermittelt, dessen Ausgangsbedingung durch folgende Gleichung geprägt ist:

$$\frac{M}{P} = K(Y) + L(r).$$

Auch hier muss für die Zinsänderung dr das totale Differenzial gebildet werden:

$$0 = K'\cdot dY + L'\cdot dr.$$

Durch Auflösen nach der Zinsänderung ergibt sich für dr = $\frac{-K'}{L'}\cdot dY$.

Die Zinsänderung kann ich nun in die Gütermarktgleichung einsetzen:

$$dY = c\cdot(dY - t\cdot dY + dTr) + I'\cdot\frac{-K'}{L'}\cdot dY.$$

Um die Veränderungen von dY feststellen zu können, bringe ich alle Terme mit dY auf die linke Seite:

$$dY - c\cdot(dY - t\cdot dY) + I'\cdot\frac{K'}{L'}\cdot dY = c\cdot dTr.$$

$$dY\cdot\left[1 - c\cdot(1-t) + \frac{I'\cdot K'}{L'}\right] = c\cdot dTr,$$

sodass für den Transfer(-ausgaben)-multiplikator gilt:

$$dY = \frac{c}{1 - c\cdot(1-t) + \frac{I'\cdot K'}{L'}}\cdot dTr\cdot$$

Fallstudie und Rechenbeispiel:

Zur Belebung der Konjunktur legt der Bund durch die Erhöhung des Arbeitslosengeldes II (dTr) im Umfang von 200 Mio. € auf.

Berechnen Sie unter folgenden Annahmen die konjunkturellen Wirkungen (dY?):

- $I = 2.000 - 0{,}1\cdot r$
- $T = 0{,}3\cdot Y$
- $K = 0{,}13\cdot Y$
- $L = 400 - 0{,}1\cdot r$
- C= 400 Mrd. € + $0{,}9\cdot Y$.

Um die Veränderungen des BIP (dY) aus der Erhöhung des Arbeitslosengeldes II feststellen zu können, müssen die Steigungen der einzelnen Funktionen über die ersten Ableitungen bestimmt werden:

- I' = - 0,1
- T' (= t) = 0,3
- K' = 0,13
- L' = - 0,1
- C' (= c) = 0,9.

In die Gleichung für den Transferausgabenmultiplikator eingesetzt, ergibt sich:

$$dY = \frac{0{,}9}{1 - 0{,}9 \cdot (1 - 0{,}3) + \frac{-0{,}1 \cdot 0{,}13}{-0{,}1}} \cdot 200 \text{ Mio. €} = 1{,}8 \cdot 200 \text{ Mio. €} = 360 \text{ Mio. €}.$$

In diesem Fall führt eine Ausweitung des ALG II um 200 Mio. € zu Stärkung der Konjunktur um das 1,8-fache (dY = 360 Mio. €).

Begründung:
Stellt der Staat z. B. 200 Mrd. € Transferzahlungsempfängern zur Verfügung, so wird der Primäreffekt geringer sein als in einer Situation, in der der Staat selbst als Nachfrager auf dem Gütermarkt auftritt. Die Transferzahlungsempfänger werden nur im Rahmen ihrer marginalen Konsumquote c (hier 0,9 bzw. 90 %) die zusätzliche Kaufkraft (dTr = + 200 Mio. €) verwenden. Da c gesamtwirtschaftlich immer kleiner als eins sein wird, ergibt sich somit ein Primärimpuls, der geringer ist als die zusätzlichen Transferzahlungen. Nur dann, wenn der Staat (befristete) ***Konsumgutscheine*** zur Verfügung stellt, die also unmittelbar einzulösen sind, ist die Konsumquote gleich „1" und die konjunkturelle Wirkung entspricht der des Staatsausgabenmultiplikators.
Die zusätzlichen staatlichen Investitionen (dG > 0) werden im Gegensatz zu den Transferausgaben in jedem Fall vollständig nachfragewirksam. Deshalb sollte zur Belebung der Konjunktur die Ausweitung der staatlichen Investitionen der Stärkung der Transfermittel vorgezogen werden.

4.2.3 Analytische Herleitung des Steuersatzmultiplikators (dt < 0)

Als dritte Alternative wäre in diesem Zusammenhang auch eine Senkung der Steuerbelastung (dt < 0) denkbar, um die Kaufkraft der Wirtschaftsteilnehmer zu erhöhen. Grafisch führt auch diese dritte Variante zu einer Rechtsverschiebung der IS-Funktion. Analytisch ergeben sich die Wirkungen wie folgt:
Zur Bestimmung der konjunkturellen Wirkung dY (in der o. a. Abbildung ist dies der Abstand zwischen Y_2 und Y_1) einer Reduzierung der Steuerbelastung muss der sog. Steuersatzmultiplikator hergeleitet werden.

Im Gütermarktgleichgewicht gilt:

$$Y = C(Y - t \cdot Y) + I(r) + G$$

Um die Veränderung des Funktionswertes dY feststellen zu können, die durch die Senkung des Steuersatzes (dt < 0) ausgelöst wird, bilden wir das totale Differenzial:

$$dY = c \bullet \cdot dY - t \cdot Y + dt \cdot Y) + I' \cdot dr.$$

Das Ausmaß der Zinsänderung dr wird auf dem Geldmarkt ermittelt, dessen Ausgangsbedingung durch folgende Gleichung geprägt ist:

$$\frac{M}{P} = K(Y) + L(r).$$

Auch hier muss für die Zinsänderung dr das totale Differenzial gebildet werden:

$$0 = K' \cdot dY + L' \cdot dr.$$

Durch Auflösen nach der Zinsänderung ergibt sich für dr = $\frac{-K'}{L'} \cdot dY$.

Die Zinsänderung kann ich nun in die Gütermarktgleichung einsetzen:

$$dY = c \cdot (dY - t \cdot dY + dt \cdot Y) + I' \cdot \frac{-K'}{L'} \cdot dY.$$

Um die Veränderungen von dY feststellen zu können, bringe ich alle Terme mit dY auf die linke Seite:

$$dY - c \cdot (dY - t \cdot dY + dt \cdot Y) + I' \cdot \frac{K'}{L'} \cdot dY = -c \cdot Y \cdot dt.$$

$$dY \cdot \left[1 - c \cdot (1 - t) + \frac{I' \cdot K'}{L'}\right] = -c \cdot Y \cdot dt,$$

sodass für den Steuersatzmultiplikator gilt:

$$dY = \frac{-c \cdot Y}{1 - c \cdot (1 - t) + \frac{I' \cdot K'}{L'}} \cdot dt \cdot$$

Fallstudie und Rechenbeispiel:

Zur Belebung der Konjunktur senkt der Bund die Grenzsteuerbelastung seiner Bürger um 10 % (dt = - 0,1). Berechnen Sie unter folgenden Annahmen die konjunkturellen Wirkungen (dY?):

- $I = 2.000 - 0{,}1 \cdot r$
- $T = 0{,}3 \cdot Y$ (Ausgangssituation)
- $dt = -0{,}1$ (= Grenzsteuerbelastung sinkt um 10 %)
- $K = 0{,}13 \cdot Y$
- $L = 400 - 0{,}1 \cdot r$
- C= 400 Mrd. € + $0{,}9 \cdot Y$.
- $Y_{(0)} = 2.000$ (Mrd. €)

Um die Veränderungen des BIP (dY) aus der Erhöhung des Arbeitslosengeldes II feststellen zu können, müssen die Steigungen der einzelnen Funktionen über die ersten Ableitungen bestimmt werden:

- I‘ = - 0,1
- T‘ (= t) = 0,3
- K‘ = 0,13
- L‘ = - 0,1
- C‘ (= c) = 0,9.

In die Gleichung für den Steuersatzmultiplikator eingesetzt, ergibt sich:

$$dY = \frac{-0{,}9 \cdot 2.000}{1 - 0{,}9 \cdot (1 - 0{,}3) + \frac{-0{,}1 \cdot 0{,}13}{-0{,}1}} \cdot -0{,}1 = \frac{-1.800}{0{,}5} \cdot -0{,}1 = 360 \text{ Mio. €.}$$

In diesem Fallbeispiel führt eine Senkung der Steuerbelastung um 10 Prozent ebenfalls zu einem konjunkturellen Effekt von + 360 Mrd. €.

4.3 Expansive Fiskalpolitik im IS-LM Modell innerhalb der Liquiditätsfalle

Auch im Bereich der Liquiditätsfalle ist eine expansive Fiskalpolitik hinsichtlich ihrer konjunkturellen Wirkungen besonders wirksam, da ein Zinsanstieg vermieden werden kann.

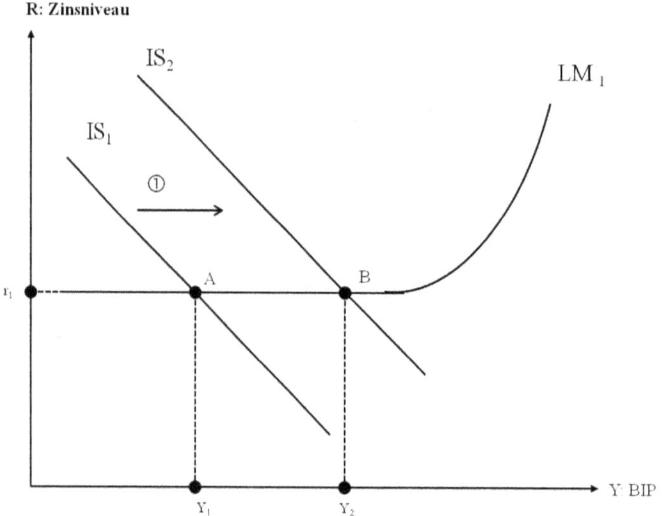

Abbildung 24: Expansive Fiskalpolitik (Liquiditätsfalle)

4.4 Expansive Geldpolitik im IS-LM Modell (Normalfall)

Eine Ausweitung der im Umlauf befindlichen Geldmenge durch die Notenbank führt im IS-LM Modell zu einer Rechtsverschiebung der LM-Funktion (①). In der ökonomischen Realität sinkt durch die expansive Geldpolitik das Zinsniveau (*hier von r_1 auf r_2*), was zu einer Belebung der gesamtwirtschaftlichen Konsum- und Investitionsneigung führen kann. Die konjunkturelle Belebung lässt sich in der u. a. Grafik an dem Anstieg von Y_1 auf Y_2 ablesen.

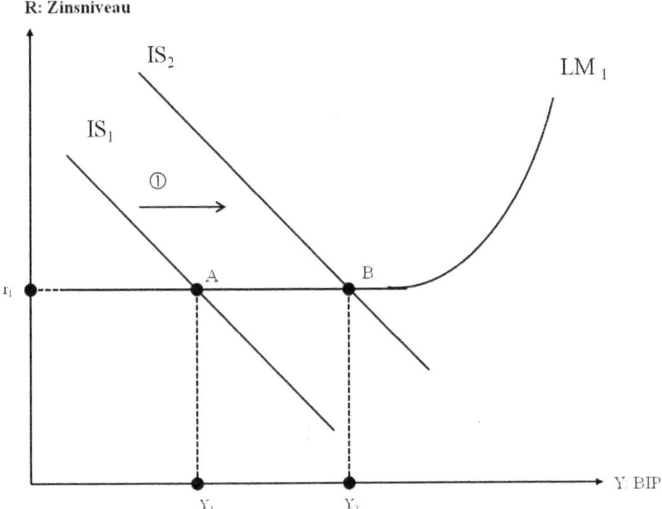

Abbildung 25: Expansive Geldpolitik (Normalfall)

Auch hier lässt sich die konjunkturelle Wirkung einer expansiven Geldpolitik mit Hilfe des ***Geldmengenmultiplikators*** bestimmen.

Um die Veränderungen von Y feststellen zu können, die aus einer Ausweitung der Geldmenge resultiert, gehe ich vom Geldmengengleichgewicht aus:

$$\frac{M_0}{P} = \mathrm{K}(\mathrm{Y}) + \mathrm{L}(\mathrm{r}).$$

Für P = 1 (Basisjahr) lassen sich die Auswirkungen einer Geldmenggenvariation auf dem Geldmarkt durch das totale Differenzial ausdrücken:

$$\mathrm{dM} = \mathrm{K}' \cdot \mathrm{dY} + \mathrm{L}' \cdot \mathrm{dr}.$$

Somit bestimmt sich die Zinsänderung aus:

$$\mathrm{dr} = \frac{\mathrm{dM}}{\mathrm{L}'} - \frac{\mathrm{K}'}{\mathrm{L}'} \cdot \mathrm{d}Y.$$

Die noch zu ermittelnden Veränderungen auf dem Gütermarkt ergeben sich allgemein aus:

$$dY = c\cdot(dY - t\cdot dY) + I'\cdot dr.$$

Da $dr = \frac{dM}{L'} - \frac{K'}{L'}\cdot dY$ gilt für die Veränderung auf dem Gütermarkt:

$$dY = c\cdot(dY - t\cdot dY) + I'\cdot\left[\frac{dM}{L'} - \frac{K'}{L'}\cdot dY\right] oder$$

$$dY - c\cdot(dY - t\cdot dY) + \frac{I'\cdot K'}{L'}\cdot dY = \frac{I'}{L'}\cdot dM;$$

$$dY\cdot(1 - c\cdot(1 - t) + \frac{I'\cdot K'}{L'}) = \frac{I'}{L'}\cdot dM;$$

$$dY = \frac{\frac{I'}{L'}}{1 - c\cdot(1-t) + \frac{I'\cdot K'}{L'}}\cdot dM.$$

Fallstudie und Rechenbeispiel:

Zur Belebung der Konjunktur weitet die EZB die im Umlauf befindliche Geldmenge um 200 Mio. € aus.

Berechnen Sie unter folgenden Annahmen die konjunkturellen Wirkungen (dY?):

- $I = 2.000 - 0,1 \cdot r$
- $T = 0,3\cdot Y$
- $K = 0,13\cdot Y$
- $L = 400 - 0,1\cdot r$
- C= 400 Mrd. € + 0,9·Y.

Um die Veränderungen des BIP (dY) aus der expansiven Geldpolitik (dM = + 200 Mio. €) feststellen zu können, müssen die Steigungen der einzelnen Funktionen über die ersten Ableitungen bestimmt werden:

- $I' = - 0,1$
- T' (= t) = 0,3
- $K' = 0,13$
- $L' = - 0,1$
- C' (= c) = 0,9.

In die Gleichung für den Geldmengenmultiplikator eingesetzt, ergibt sich:

$$dY = \frac{\frac{-0,1}{-0,1}}{1-0,9\cdot(1-0,3)+\frac{-0,1\cdot 0,13}{-0,1}}\cdot 200\text{ Mio. €} = 2\cdot 200\text{ Mio. €} = 400\text{ Mio. €}.$$

In diesem Fall führt eine Ausweitung Geldmenge um 200 Mio. € zu einem doppelt so hohen konjunkturellen Effekt (dY = 400 Mio. €).

4.5 Expansive Geldpolitik im IS-LM Modell innerhalb der Liquiditätsfalle

In der nächsten Abbildung ist die Wirkung einer expansiven Geldpolitik im Bereich der Liquiditätsfalle dargestellt.

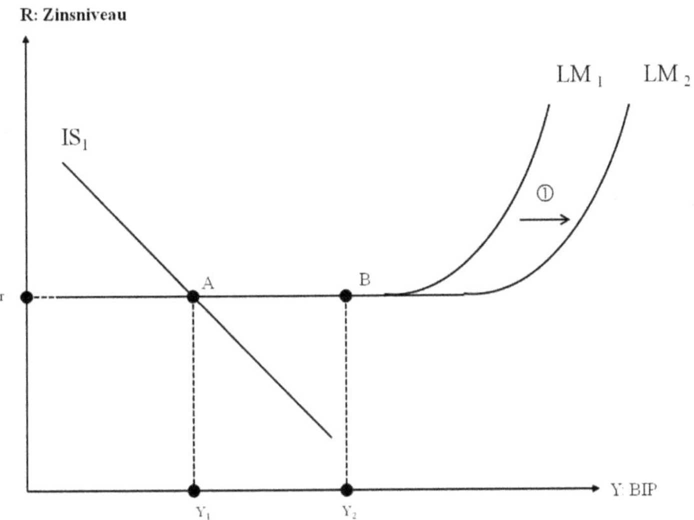

Abbildung 26: Expansive Geldpolitik (Liquiditätsfalle)

Im diesem Bereich ist eine expansive Geldpolitik zur Belebung der Konjunktur über eine Ausweitung des Geldangebotes vollkommen unwirksam. Normalerweise versucht man, durch eine Ausweitung der Geldmenge Kapitalanleger dazu zu bewegen, festverzinsliche Wertpapiere zu kaufen. Dadurch würde der Börsenkurs steigen und die Umlaufrendite r sinken. „r" spiegelt das gesamtwirtschaftliche Zinsniveau wider. Eine Senkung von r hätte deshalb Konjunktur stimulierende Wirkung. In der Liquiditätsfalle liegt bereits ein historisch niedriges Zinsniveau vor (z.B. in Deutschland Mitte 2005, bzw. Mitte 2012 oder in Japan zwischen 1997 und 2003).

Alle potenziellen Kapitalanleger rechnen deshalb in näherer Zukunft mit steigenden Zinsen. Das zusätzlich angebotene Geld fließt deshalb vollständig in die Spekulationskasse, weil die Kapitalanleger durch den Verzicht auf die Kapitalanlage nur niedrige ***Opportunitätskosten*** befürchten müssen. Diese niedrigen Opportunitätskosten sind durch die niedrige aktuelle Verzinsung r und den Kursverlusten bei Verkauf der Anlagen begründet.

Fazit:
Die Geldpolitik ist in dieser Situation vollkommen unwirksam zur Belebung der Konjunktur.

4.6 Expansive Geldpolitik im IS-LM Modell innerhalb der Investitionsfalle

Wie bereits erwähnt, führt im Bereich der Investitionsfalle eine Zinssenkung nicht zu einer Erhöhung des Investitionsvolumens. Da jedoch eine expansive Geldpolitik eine Belebung der Konjunktur nur über eine Senkung des Kapitalmarktzinsniveaus erreichen kann, ist auch hier keine positive Wirkung realisierbar. In der u. a. Abbildung ist dies grafisch dargestellt.

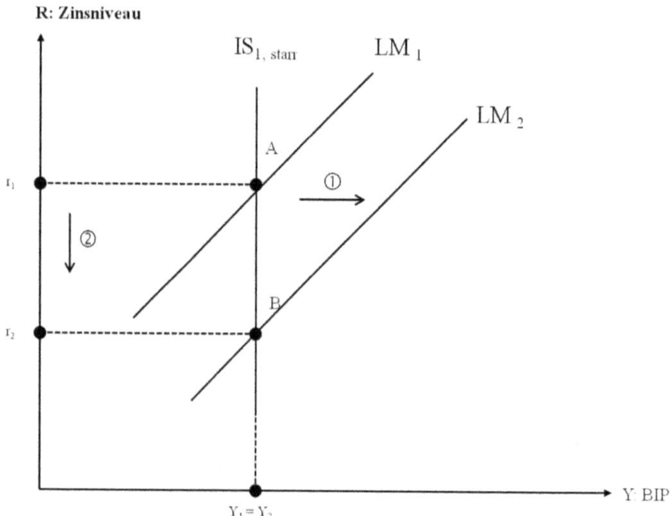

Abbildung 27: Expansive Geldpolitik (Investitionsfalle)

5 Konjunkturelle Effekte einer expansiven Geld- und Fiskalpolitik in einer offenen Volkswirtschaft

5.1 Herleitung der BP-Funktion

5.1.1 Aufbau der Zahlungsbilanz

In der ökonomischen Realität existiert keine Volkswirtschaft ohne außenwirtschaftliche Beziehungen. Selbst ein Land wie Nordkorea betreibt insbesondere zu China Handelsbeziehungen. Auch sei in diesem Zusammenhang auf die gemeinsam mit Südkorea betriebenen Sonderwirtschaftszonen hingewiesen.
Dokumentiert werden Handels- und Kapitalverkehrsströme zwischen In- und Ausländern in der sog. ***Zahlungsbilanzstatistik***, die im Folgenden kurz dargestellt wird.

I. Leistungsbilanz:
- **Handelsbilanz**
- **Dienstleistungsbilanz**
- **Erwerbs- und Vermögenseinkommensbilanz**
- **Bilanz der laufenden Übertragungen**

II. Vermögensübertragungsbilanz

III. Kapitalverkehrsbilanz:
- **Direktinvestitionen**
- **Sonstige Kapitalanlagen**
- **Kreditverkehrsbilanz**

IV. Saldo der statistisch nicht weiter aufgliederbaren Transaktionen

---

= I. + II. + III. + IV. = Saldo der Zahlungsbilanz = Saldo der Devisenbilanz

Abbildung 28: Aufbau der Zahlungsbilanzstatistik

Leistungsbilanz

Der Leistungsbilanzsaldo als Summe der Salden der Handelsbilanz, Dienstleistungs-, Erwerbs- und Vermögenseinkommensbilanz sowie der Bilanz der laufenden Übertragungen wird auch als ***Nettoposition einer Volkswirtschaft*** bezeichnet. Die mit Abstand quantitativ bedeutsamste Teilbilanz ist dabei die Handelsbilanz, in der alle Warenexporte und -importe für eine Betrachtungsperiode in € erfasst werden. Zunehmend spielt aber im Rahmen der internationalen Leistungstransaktionen der Handel mit Dienstleistungen eine Rolle. In der Bundesrepublik Deutschland ist die Dienstleistungsbilanz chronisch defizitär. Der negative Saldo ist hauptsächlich dadurch bedingt, dass die Ausgaben inländischer Touristen (Dienstleistungsimporte = Abfluss an Devisen) im Rahmen des Reiseverkehrs die Ausgaben ausländischer Touristen in Deutschland (Dienstleistungsexporte = Zufluss an Devisen) deutlich übersteigen.

Aufgrund der zunehmenden Bedeutung grenzüberschreitender Faktoreinkommen sind die Erwerbs- und Vermögenseinkommensströme zwischen In- und Ausländern in der gesonderten Bilanz der Erwerbs- und Vermögenseinkommen erfasst. Einkommenskomponenten von Inländern im Ausland, hierzu zählen z. B. Grenzgänger oder Arbeitnehmer, die nur vorübergehend im Ausland sind, werden als Faktoreinkommen aus dem Ausland erfasst.

Gegenbuchungen zu ständig wiederkehrenden einseitigen[19] Leistungs- und Forderungstransaktionen werden in der Bilanz der laufenden Übertragungen vorgenommen. Kommt es zum Beispiel im Rahmen von Entwicklungshilfeleistungen zu regelmäßigen Weizenlieferungen, so werden die Warenexporte in der Handelsbilanz und die Gegenbuchungen in der Bilanz der laufenden Übertragungen als Leistungen an das Ausland vorgenommen.

Bilanz der Vermögensübertragungen

Transfers ohne Anspruch auf Gegenleistung, die aus der Sicht des Inlandes einmaligen Charakter haben, werden nicht in der Leistungsbilanz sondern in der Bilanz der Vermögensübertragungen gebucht, da diese keinen dauerhaften Einfluss auf das inländische Einkommen bzw. dessen Verwendung haben. Zu den Vermögensübertragungen zählen der Erlass privater und öffentlicher Schulden, Schenkungen, Erbschaften sowie Schenkung- und Erbschaftsteuern. Auch Vermögensmitnahmen von Aus- und Einwanderern und einmalige Zuwendungen z. B. aus EU-Strukturfonds werden in dieser Teilbilanz registriert.

[19] Um einseitige Transaktionen handelt es sich immer dann, wenn kein Anspruch auf Gegenleistung besteht. Bei Entwicklungshilfeleistungen, Zahlungen an die EU oder bei Schenkungen im privaten Bereich ist zum Beispiel dieses Kriterium erfüllt.

Kapitalverkehrsbilanz
In der Kapital(-verkehrs)-bilanz werden den Veränderungen inländischer Forderungen gegen Ausländer die Veränderungen der Verbindlichkeiten der Inländer gegen Ausländer gegenüber gestellt. Seit 1995 wird die Kapitalbilanz funktional in

- Direktinvestitionen,
- Wertpapieranlagen,
- Kreditverkehr und
- sonstige Kapitalanlagen gegliedert.

In der ***Bilanz der Direktinvestitionen*** werden die Veränderungen der Direktinvestitionen von Inländern im Ausland bzw. von Ausländern im Inland gegenüber der Vorperiode dargestellt. Dabei werden unter ***Direktinvestitionen*** alle wirtschaftlichen Beziehungen erfasst, die ihrer Natur nach durch ein besonders intensives, auf anhaltende Einflussnahme gerichtetes unternehmerisches Engagement geprägt sind. Neben Beteiligungen von mehr als 20 Prozent an einer Firma sowie langfristigen Darlehen zählen auch kurzfristige Finanzbeziehungen verbundener Unternehmen dazu. Außerdem werden der grenzüberschreitende Erwerb und die Veräußerung von Immobilien den Direktinvestitionen zugeordnet, sodass sich hinter dem Begriff sehr unterschiedliche Transaktionen verbergen.
Während bei den Direktinvestitionen die Beteiligungsabsicht im Vordergrund steht, ist es bei den Wertpapieren die Vermögensanlage. Somit werden in der **Bilanz der Wertpapieranlagen** Dividendenwerte (z. B. Aktien, Genussscheine), Investmentzertifikate, langfristige verzinsliche Wertpapiere (inklusive Fremdwährungsanleihen), Geldmarktpapiere und Finanzderivate (einschließlich Optionsscheine) erfasst, die zwischen In- und Ausländern gehandelt werden.
Finanz- und Handelskredite sowie Bankguthaben (z. B. Schuldscheindarlehen, Buchkredite), die aus dem Ausland empfangen bzw. an ausländische Wirtschaftssubjekte vergeben wurden, sind Bestandteile der **Kreditverkehrsbilanz**.
Zu den sonstigen Kapitalanlagen fallen diejenigen Transaktionen, die in den anderen Teilbilanzen des Kapitalverkehrs nicht erfasst werden. Die hier angeführten Posten sind somit sehr heterogen: sie reichen von den kurz- und langfristigen Finanzbeziehungen inländischer Unternehmen und Privatpersonen zum Ausland über die ausländischen Kreditbeziehungen öffentlicher Stellen bis hin zu Auslandstransaktionen der Banken.

Saldo der statistisch nicht weiter aufgliederbaren Transaktionen (= Restposten)
Die Buchungen im Rahmen der Zahlungsbilanzstatistik werden nach dem Prinzip der doppelten Buchführung vorgenommen. Deshalb muss der Saldo der Leistungsbilanz plus dem Saldo der Vermögensübertragungs- und Kapitalverkehrsbilanz den Veränderungen der Netto-Auslandsaktiva (= Saldo der Devisen- bzw. Zahlungsbilanz) entsprechen. Aufgrund statistischer Probleme ist dies aber regelmäßig nicht der Fall, da die parallele Verzeichnung von Buchung und Gegenbuchung eines wirtschaftlichen Vorgangs nicht immer gewährleistet ist.

Oft wird nur eine Seite der Transaktion erfasst: Werden zum Beispiel Waren in das Inland geschmuggelt, so sind – wenn überhaupt – nur die dahinter stehenden Kapitalflüsse, nicht aber der zugrunde liegende Warenstrom erfassbar. Auch bei Ausgaben inländischer Touristen im Ausland ist eine statistische Registrierung der Güternachfrage in der Regel ausgeschlossen. Die Devisenabflüsse werden dagegen von der Deutschen Bundesbank festgestellt. Auch der reguläre Außenhandel trägt an der Entstehung dieses Restpostens durch die eingeschränkte Meldepflicht bei.

5.1.2 Analytische Herleitung der BP-Funktion

Damit wir außenwirtschaftliche Aspekte in das IS-LM Modell, welches nur für eine geschlossene Volkswirtschaft gilt, integrieren können, suchen wir alle Zins (r)- und gesamtwirtschaftliche Einkommens (Y)-Kombinationen, bei den das Devisenmarktgleichgewicht realisiert wird.

$$0 = P \cdot x(e,P) - \frac{P_f}{e} \cdot m(Y,P,e) - F(r);$$

wobei $P \cdot x = X$: Exportwert und $\frac{P_f}{e} \cdot m = M$: Importwert sind.

Zur Bestimmung aller r, Y - Kombinationen, die das Devisenmarktgleich - gewicht symbolisieren, wird das totale Differenzial gebildet:

$$0 = -\frac{P_f}{e} \cdot \frac{\partial m}{\partial Y} \cdot dY - F' \cdot dr \text{ oder}$$

$$\frac{dr}{dY} : \text{Steigung der BP - Funktion} = \frac{-\frac{p_f}{e} \cdot \frac{\partial m}{\partial Y}}{F'}.$$

Neben dem ausländischen Preisniveau P_f und dem Wechselkurs e wird die Steigung der BP-Funktion durch zwei Faktoren bestimmt:

- Wie stark reagiert das mengenmäßige Importvolumen m auf Änderungen des inländischen Bruttoinlandproduktes Y und
- welchen Einfluss hat eine Veränderung des inländischen Zinsniveaus r auf den Nettokapitalexport F der heimischen Volkswirtschaft?

Die Europäische Gemeinschaft ist u. a. durch die Liberalisierung des Handels und die Kapitalverkehrsfreiheit gekennzeichnet. Dadurch, dass die Transaktionskosten für den Transfer von Geld- und Kapital innerhalb der €-Zone deutlich niedriger sind als die Transportkosten aus der physischen Distribution von Gütern, dürfte die Reaktion des Nettokapitalexports aus einer inländischen Zinsänderung wesentlich größer sein als eine mengenmäßige Importveränderung aus der BIP-Wachstum. Dargestellt werden kann dies durch eine sehr flache Steigung der BP-Funktion.

Es kann deshalb festgehalten werden: Je stärker die betrachtete Volkswirtschaft integriert ist in den internationalen Kapitalverkehr, Freihandel oder Arbeitsmarkt umso flacher verläuft die BP-Funktion.

Handelt es sich im Extremfall um eine kleine offene Volkswirtschaft (z. B. Belgien, Niederlande, skandinavische Länder, Irland), die vollständig integriert ist, dann verläuft die BP-Funktion waagerecht und parallel zur Y-Achse, d. h. Preis- und Zinsniveau dieser Länder werden bestimmt durch die großen Partnerländer innerhalb der Freihandelszone in der auch Kapitalverkehrsfreiheit herrscht.
Dies ist nachher zur Analyse der Handlungsoptionen für staatliche Wirtschaftspolitik entscheidend.

5.1.3 Grafische Herleitung der BP-Funktion

Der Verfasser möchte an dieser Stelle auch grafisch die Herleitung des Zahlungsbilanzgleichgewichts zur Illustration der Zusammenhänge darstellen.

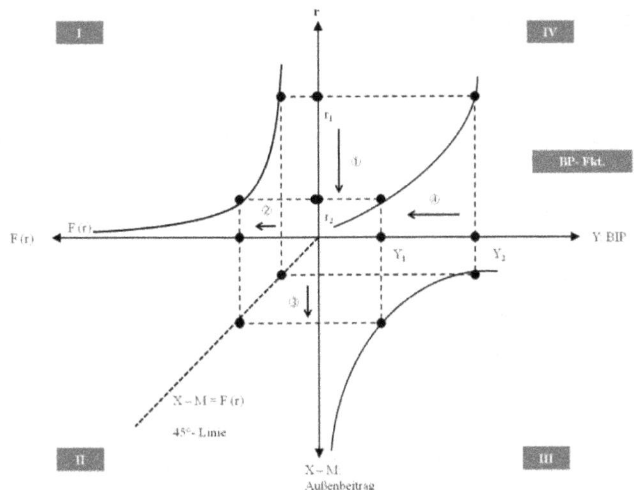

Abbildung 29: Graphische Herleitung des Devisenmarktgleichgewichts (BP-Funktion)

Übung:

P_f : Preisniveau im Ausland = 1 \$ (Numeraire)

e = 1 \$/€

m = 1.000 Mrd. € + 0,1·Y

F = 2.000 Mrd. € - 50·r

$$\frac{dr}{dY}: \text{Steigung der BP - Fkt} = \frac{-\frac{P_f}{e} \cdot \frac{\partial m}{\partial Y}}{F'}$$

$$\frac{dr}{dy} = \frac{-\frac{1\$}{1\$/€} \cdot 0{,}1}{-50} = 0{,}002 \text{ bzw.}$$

$$dr = 0{,}002 \cdot dy$$

Ist zum Beispiel der Anstieg des BIP (Y) 500 (Mrd. €), dann müssen die Zinsen um 1 (%) steigen, damit wieder Devisenbilanzgleichgewicht herrscht.

5.1.4 BP-Funktion in einer kleinen offenen Volkswirtschaft

Der Verfasser hat bereits im letzten Kapitel darauf hingewiesen, dass die BP-Funktion für eine kleine, offene Volkswirtschaft parallel zur Y-Achse verläuft. Ökonomisch lässt sich dieser Verlauf so erklären, dass dieses Land im Vergleich zu dem gesamten Währungsraum oder zur großen Freihandelszone ein so geringe Bedeutung hat, dass es dem „Diktat“ der großen Handelspartnerländer ausgesetzt ist und mit dem eigenen Nachfrage- und Produktionsvolumen nicht die Bedingungen (z. B. Preis- und Zinsniveau) auf dem großen Markt beeinflussen kann.

Wie lassen sich nun Situationen grafisch und verbal innerhalb des IS-LM-BP Modells erklären, die Ungleichgewichtszustände der Zahlungsbilanz erklären?

In der u. a. Abbildung sind zwei Situationen vergleichend dargestellt. Punkt A liegt auf der BP-Funktion und beschreibt somit ein Zahlungsbilanzgleichgewicht, d. h. die Devisenzuflüsse entsprechen an diesem Ort den Devisenabflüssen. Punkt B liegt oberhalb der beschriebenen Funktion und unterscheidet sich nur durch das höhere Kapitalmarktzinsniveau r_B gegenüber A. Aus der Herleitung der BP-Funktion weiß der kundige Leser, dass der Devisenzufluss aus Kapitalimporten positiv mit der inländischen Zinshöhe korreliert. Somit ist im Punkt B unter sonst gleichen Bedingungen der Kapitalzufluss höher als im Zahlungsbilanzgleichgewicht unter A. Daraus lässt sich logisch folgern: Alle Punkte, die oberhalb der BP-Funktion liegen beschreiben einen Zahlungsbilanzüberschuss. In dieser Zone gerät die heimische Währung unter Aufwertungsdruck.

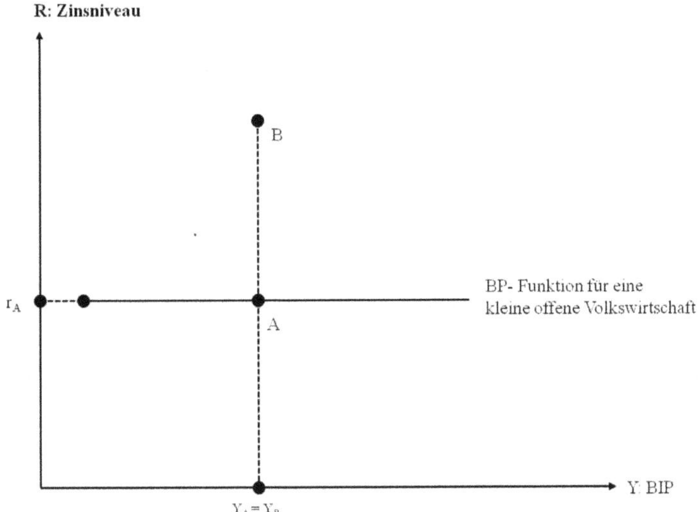

Abbildung 30: Visualisierung der Zahlungsbilanzüberschüsse

In einem Umkehrschluss stellen somit alle Punkte unterhalb der BP-Funktion Zahlungsbilanzdefizite dar. Veranschaulicht wird dies in der nächsten Grafik. Im Punkt C ist c. p. das Zinsniveau niedriger als im Zahlungsbilanzgleichgewicht im Punkt A. Somit sind die Kapitalexporte (= Devisenabflüsse, Angebot an heimischer Währung auf dem Devisenmarkt > Nachfrage nach heimischer Währung) höher als unter Gleichgewichtsbedingungen. Deshalb beschreibt die gesamte Zone unterhalb der BP-Funktion ein Zahlungsbilanzdefizit, das die heimische Währung unter Abwertungsdruck geraten lässt.

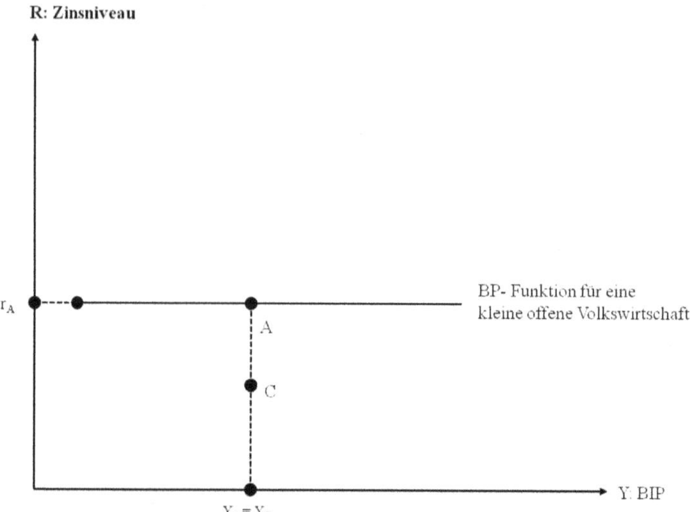

Abbildung 31: Visualisierung der Zahlungsbilanzdefizite

5.2 Geldpolitische Handlungsoptionen einer kleinen offenen Volkswirtschaft

5.2.1 Festes Wechselkurssystem

Mitte 1998 sind die Umtauschkurse der Mitgliedsländerwährungen zum € festgelegt worden. So wurde z.B. der Wert des € zur DM mit 1,95583 DM für einen Euro festgelegt. Die €-Währungszone ist somit ein Spezialfall eines festen Wechselkurssystems.

In diesem Zusammenhang soll die Frage beantwortet werden, inwieweit einzelne Mitgliedsländer noch in der Lage sind, mit Hilfe der Geldpolitik gegen einen konjunkturellen Einbruch zu agieren.

Gegen wir wieder vom Blickwinkel einer kleinen offenen Volkswirtschaft (SOE: **S**mall and **O**pen **E**conomy) aus, die vollständig in den internationalen Kapitalverkehr und in eine Freihandelszone integriert ist. Ein konjunktureller Einbruch führt zu einer Linksverschiebung der IS-Funktion (①). Wir erreichen das neue, aber instabile, inländische Gleichgewicht B, das im Vergleich zur Ausgangssituation durch ein niedrigeres Zinsniveau und ein gesunkenes BIP Y (bzw. niedrigeres BIP-Wachstum) gekennzeichnet ist. Zwar sinkt das Angebot an heimischer Währung aufgrund des gesunkenen Importbedarfs. Das niedrigere inländische Zinsniveau führt aber aufgrund der Zunahme des Nettokapitalabflusses in der Summe zu einem Anstieg des Währungsangebots (da B unterhalb der BP-Funktion liegt). Dadurch gerät die heimische Währung unter Abwertungsdruck (②).

In einem System fester Wechselkurse muss die Notenbank intervenieren, um durch einen Aufkauf heimischer Währung (Linksverschiebung der LM-Funktion ③) den politisch fixierten Wechselkurs e wieder erreichen (Punkt C) zu können.
Diese restriktive Geldpolitik führt aber zu einer weiteren Verschlechterung der konjunkturellen Situation. Die SOE verliert somit in einem System fester Wechselkurse (€-Währungszone als Spezialfall) ihre Autonomie, eigenständig mit Hilfe der Geldpolitik zur Stabilisierung der Konjunktur beitragen zu können.

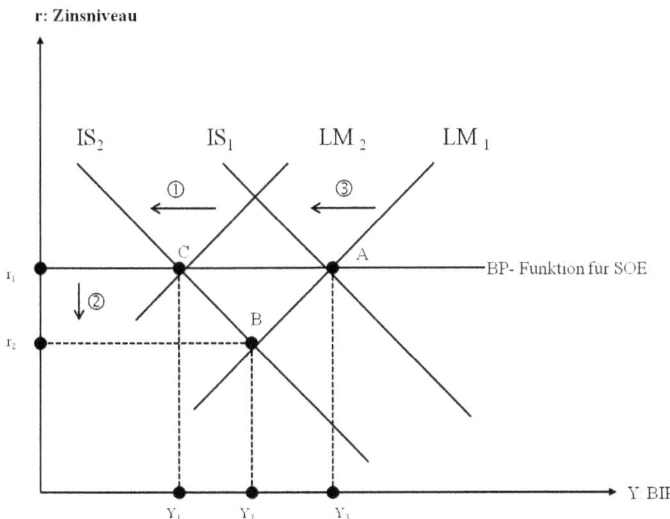

Abbildung 32: Geldpolitik im System fester Wechselkurse (Spezialfall €-Zone)

5.2.2 Flexibles Wechselkurssystem

In einem System flexibler Wechselkurs entfällt die Interventionspflicht als auch der Bedarf nach einem konjunkturellen Einbruch Geldpolitik zu betreiben.
Auch hier verschiebt sich die gesamtwirtschaftliche Nachfragefunktion nach links bei einer Rezession (①). Das neue inländische Gleichgewicht (B) ist ebenfalls durch eine Zinssenkung und ein reduziertes BIP gekennzeichnet. Zwei Effekte tragen nun ohne staatliche Intervention zu einer konjunkturellen Belebung bei (③):

- Zum einen führt die Abwertung der heimischen Währung (②) zu einer Vergünstigung heimischer Exportprodukte im Ausland;
- Die Zinssenkung belebt darüber hinaus im Inland die private Investitions- und Konsumneigung.

Tendenziell dürfte dies wieder zu einer Belebung der Konjunktur führen (A=C). Somit ist ein Land durch die Änderung eines Wechselkurses in der Lage, schädliche Wirkungen diverser ökonomischer Schocks (hier Nachfrageeinbruch) zu dämpfen.

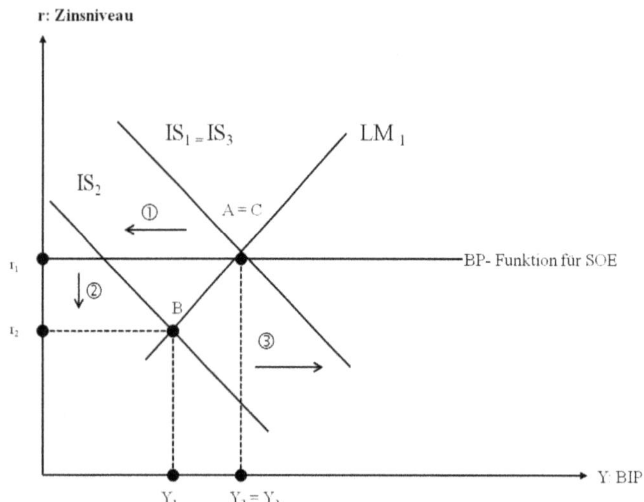

Abbildung 33: Geldpolitik im System flexibler Wechselkurse

5.3 Fiskalpolitische Handlungsoptionen einer kleinen offenen Volkswirtschaft

5.3.1 Festes Wechselkurssystem

Eine expansive Fiskalpolitik ist im System fester Wechselkurse – sofern sie über die Ausweitung der Geldmenge finanziert wurde – besonders wirksam. Die Kombination von expansiver Fiskal- und Geldpolitik wird auch als ***Policy Mix*** bezeichnet. In diesem Zusammenhang weist der Verfasser darauf hin, dass es sich bei der €-Währungszone um den Spezialfall eines festen Wechselkurssystems handelt und dass dort eine Geldmengen finanzierte Fiskalpolitik von Seiten der EZB verboten ist (bzw. war!). Primärer Grund hierfür ist, dass die Instrumentalisierung der Notenbank die öffentliche Haushaltsdisziplin aufweichen würde.

Eine Ausweitung der Staatsausgaben führt im IS-LM Modell zu einer Rechtsverschiebung der IS-Funktion auf IS_2 (①). Es wird durch den gestiegenen Kapitalbedarf des Staates das Zinsniveau ansteigen und das instabile neue Gleichgewicht im Punkt B erreicht, das durch einen Zahlungsbilanzüberschuss gekennzeichnet ist und zu einer Aufwertung der heimischen Währung führt.

In einem System fester Wechselkurse muss nun die Notenbank intervenieren, indem sie ausländische Währung ankauft und inländische Währung in Umlauf bringt

(Rechtsverschiebung der LM-Funktion auf LM_2;②). Dieser zusätzliche Umlauf drückt das Zinsniveau wieder auf das Ursprungsniveau und verhindert ***Zins-Crowding-Out Effekte***. Insgesamt belebt sich die Konjunktur auf Y_2.

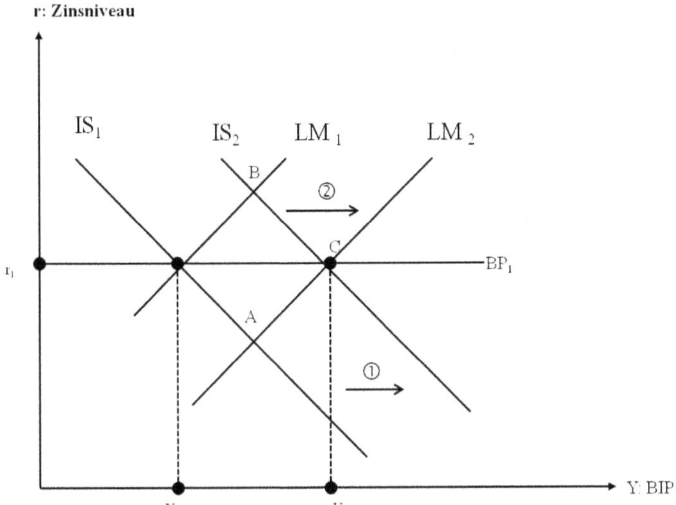

Abbildung 34: Expansive Fiskalpolitik im System fester Wechselkurse

5.3.2 Flexibles Wechselkurssystem

Die konjunkturelle Wirkung einer expansiven Fiskalpolitik ist im System flexibler Wechselkurse gering. Wie bereits erwähnt, führt der gestiegene Kapitalbedarf zu einem Anstieg des Kapitalmarktzinsniveaus. Die heimische Währung gerät auch hier unter Aufwertungsdruck. Da die Interventionsverpflichtung entfällt, verschlechtert sich die preisliche Wettbewerbsfähigkeit. Das Exportvolumen sinkt c. p., was sich dämpfend auf die konjunkturelle Entwicklung auswirkt. In unserem Modell entspricht das neue dem alten Gleichgewicht (A=C).

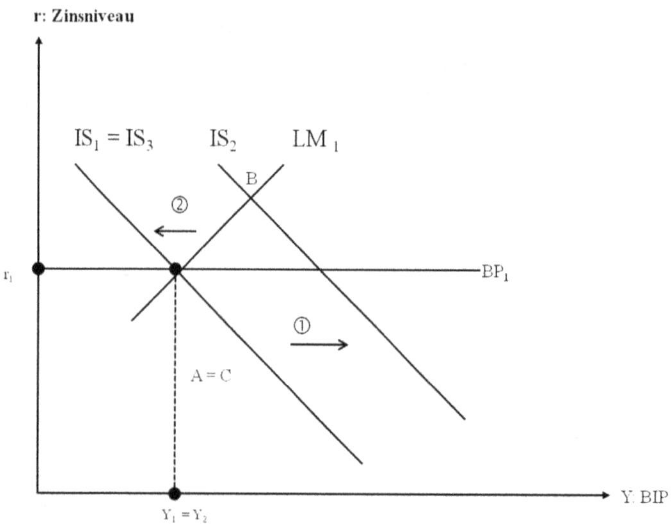

Abbildung 35: Expansive Fiskalpolitik im System flexibler Wechselkurse

5.4 Veränderung der Kapitalmarktbedingungen

Eine kleine, offene Volkswirtschaft ist nicht nur Veränderungen auf den Sachgüter- und Dienstleistungsmärkten sondern auch auf den Kapitalmärkten ausgesetzt, ohne dass dieses Land Einfluss auf die für sie vorgegebenen Rahmenbedingungen nehmen kann. Betrachten wir zum Beispiel ein Land wie Dänemark[20], das sowohl Anfang der 90er Jahre in einem festen Wechselkurssystem zur DM stand als auch aktuell seine Währung an den € fest gekoppelt hat. Kurz nach der deutschen Wiedervereinigung wuchs der Kapitalbedarf in Deutschland so stark an, dass dort die Kapitalmarktzinsen enorm angestiegen sind. Modellieren lässt sich diese Situation für Dänemark durch einen Anstieg der BP-Funktion auf BP_2 (①). Die Ausgangssituation A ist somit nicht mehr durch ein Devisenmarktgleichgewicht geprägt. Da der Punkt unterhalb der neuen BP-Funktion liegt, beschreibt A ein Zahlungsbilanzdefizit, d. h. der Abfluss an dänischen Kronen (und damit das Angebot an heimischer Währung am Devisenmarkt) ist zu diesem Zinsniveau r_1 höher als der Zufluss (Nachfrage nach dänischen Kronen). Erklären lässt sich dies durch die höheren Renditemöglichkeiten in Deutschland im Zuge der Wiedervereinigung, die dazu führen, dass Kapital in Dänemark günstig zu einem niedrigen Zins r_1 aufgenommen und dann in Deutschland zu einem höheren Niveau r_2 angelegt wurde. Durch diese Anlagestrategie geriet die dänische Krone unter Abwertungsdruck.

[20] Das für Dänemark dargestellte Problem traf auch im besonderen Maße nach der deutschen Wiedervereinigung für Belgien zu (*Anmerkung des Verfassers*).

In einem System fester Wechselkurse war die dänische Notenbank verpflichtet, die Abwertung zu verhindern, indem sie die Nachfrage nach heimischer Währung auf dem Devisenmarkt erhöht (Linksverschiebung der LM-Funktion auf LM_2, ②). Dadurch stieg aber das Kapitalmarktzinsniveau auf r_2 ein, was die Investitions- und Konsumneigung negativ beeinflusste und das Wachstum des BIP auf Y_2 schrumpfen ließ. Die lange Rezession, der Dänemark Anfang der 90er Jahre ausgesetzt war, ließ sich also durch:

- den gestiegenen Kapitalbedarf aus der deutschen Wiedervereinigung als auch
- durch das feste Wechselkurssystem der dänischen Krone und der daraus resultierenden Interventionsverpflichtung

erklären.

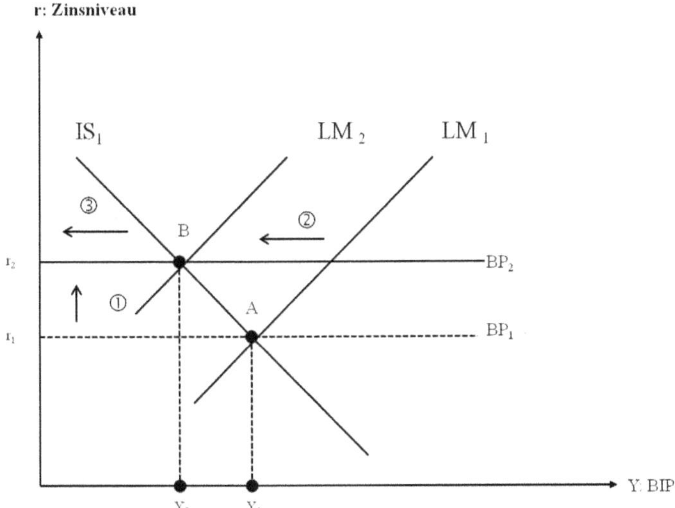

Abbildung 36: Veränderung der Kapitalmarktbedingungen

5.5 Fallstudien zum Mundell-Fleming Modell

Fallstudie 1:

In wirtschaftlich schwierigen Zeiten – wie 2009 im Rahmen der Finanzmarktkrise genießen einige Währungen (z. B. der Schweizer Franken) einen sog. „*safe-haven*“ Effekt, d. h. einige internationale Investoren kümmern sich weniger um die Rendite ihrer Investition als in normalen Zeiten.

(a) Analysieren Sie mit Hilfe des Mundell-Fleming Modells, wie sich das oben beschriebene Phänomen auf eine solche „*safe-haven*“ Volkswirtschaft unter der Bedingung eines flexiblen Wechselkurssystems auswirken könnte.

(b) 2011 hat die Schweiz gegenüber dem € eine Grenze für den SFR (= Schweizer Franken) festgelegt, unter die die heimische Währung nicht sinken darf. Faktisch ist dies nichts anderes als ein festes Wechselkurssystem. Analysieren Sie mit Hilfe des Mundell-Fleming Modells, welche Wirkungen ein festes Wechselkurssystem für die Schweiz haben kann.

Lösung:

Ad (a): Verbale Lösung:

Im Rahmen der Finanzmarktkrise wirkte sich der Vertrauensbonus, den die Schweiz genießt, positiv auf die Kapitalimporte aus, d. h. obwohl das Zinsniveau nicht (signifikant) von dem auf den internationalen Kapitalmärkten abweicht,

wurde vermehrt eine Anlage in den Schweizer Franken beobachtet. Modellieren lässt sich dieses Phänomen grafisch durch eine Verschiebung der BP-Funktion nach unten auf BP_2 (①). Der Punkt A, der das Ausgangsgleichgewicht beschreibt, liegt nun oberhalb des Zahlungsbilanzgleichgewichts. Somit liegt ein Zahlungsbilanzüberschuss vor, sodass der Schweizer Franken aufgewertet wird. In einem flexiblen Wechselkurssystem ist die Schweizer Notenbank nicht zur Intervention verpflichtet. Eine Aufwertung verschlechtert die preisliche Wettbewerbsfähigkeit Schweizer Exporte (Linksverschiebung der IS-Funktion auf IS_2;②). Die rückläufigen Ausfuhren werden unter sonst gleichen Bedingungen das Wachstum des BIP verringern (von Y_1 auf Y_2).

Grafisch:

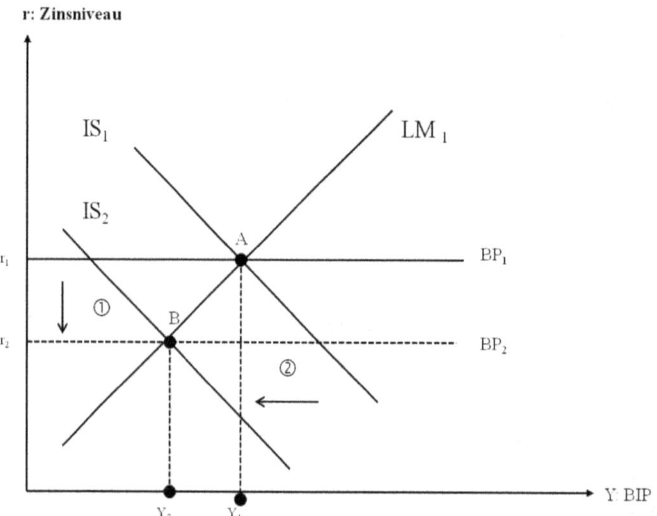

Abbildung 37: Veränderung der Kapitalmarktbedingungen im flexiblen Wechselkurssystem

Ad (b): Verbale Lösung:

Unabhängig vom jeweiligen Wechselkurssystem kann der Vertrauensbonus für die Schweizer Volkswirtschaft durch eine Parallelverschiebung der BP-Funktion nach unten modelliert werden (①). Durch die gestiegenen Kapitalimporte in die Schweiz (= Devisenzuflüsse) gerät der SFR unter permanentem Aufwertungsdruck gegenüber dem €. In einem System fester Wechselkurse verpflichtet sich nun die Schweizer Nationalbank (= Notenbank) diese Aufwertung zu verhindern, indem sie SFR auf dem Devisenmarkt verkauft und damit € ankauft (Rechtsverschiebung der LM-Funktion: ②). Diese expansive Geldpolitik belebt nun über eine Zinssenkung die Schweizer Konjunktur (③).

Fazit: Ein festes Wechselkurssystem verhindert gegenüber einem flexiblen Wechselkurssystem die Aufwertung der heimischen Währung aufgrund des sog. Safe-Haven Effektes und belebt über eine Zinssenkung die Konjunktur dieser Volkswirtschaft.

Grafisch:

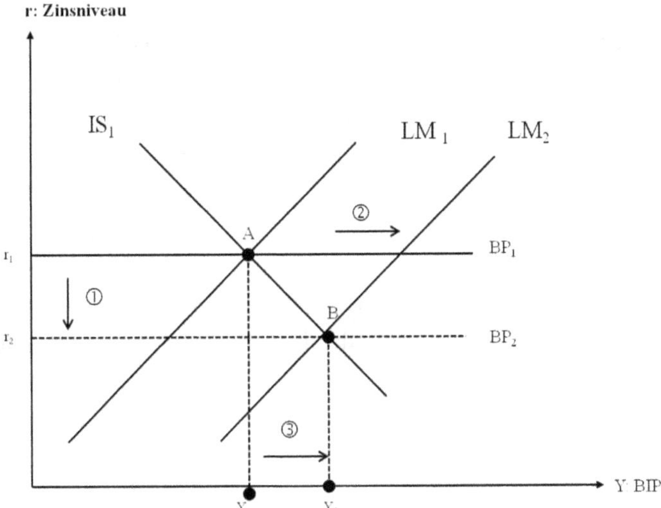

Abbildung 38: Veränderung der Kapitalmarktbedingungen im festen Wechselkurssystem

Fallstudie 2:

Bei der Beschaffung von Kapital müssen sog. ***Emerging Market Länder*** eine Risikoprämie bezahlen. Während Deutschland am 27. Mai 2009 bei der Emission einer 10jährigen Staatsanleihe eine Effektivrendite r von 3,6 % zahlt, muss z. B. Ungarn bei identischer Laufzeit 10,19 % seinen Gläubigern gewähren.[21]

Somit ist das Zinsniveau auf dem ungarischen Markt um etwa 6,5 % höher als bei (klassischen) Industrieländern. Im Rahmen der Finanzmarktkrise, die sich im besonderen Maße negativ auf die mittel- und osteuropäischen Länder auswirkt, könnte sich diese Zinsdifferenz (= Zinsspread) noch deutlich erhöhen.

Analysieren Sie mit Hilfe des Mundell-Fleming Modells, wie sich ein dramatischer Vertrauensverlust, der sich derzeit in einigen mittel-und osteuropäischen Ländern abspielt, auf diese SOEs auswirkt und diskutieren Sie Optionen im Rahmen der Geld-und Währungspolitik zur Bekämpfung der Krise.

Lösung:

Verbal:

In dieser Fallstudie wird die Bedeutung des Wechselkurssystems evident. Zunächst kann der Vertrauensverlust, der oben beschrieben wurde, unabhängig vom Wechselkurssystem durch eine Verschiebung der BP-Funktion auf BP_2 beschrieben werden, d. h. zu dem Ausgangsgleichgewicht r_1 liegt durch die Flucht in ausländische Vermögenswerte ein Zahlungsbilanzdefizit vor, das die heimische Währung unter Abwertungsdruck geraten lässt.

Erst ab diesem Punkt spielt das Wechselkurssystem eine Rolle. In einem festen Wechselkurssystem muss der Abwertungsdruck durch Interventionskäufe der Notenbank (LM-Funktion verschiebt sich von LM_1 auf LM_2 in der **Abb. 38**) verhindert werden, was zu einem Anstieg des Zinsniveaus auf r_2 führt und damit private Investitions- und Konsumneigung verdrängt (Zins-Crowding-Out Effekt). Fazit: Ein Vertrauensverlust in einem System fester Wechselkurse führt zu einer Verringerung des BIP-Wachstums (in der Zeichnung von Y_1 auf Y_2).

[21] Dieses Fallbeispiel gilt 2015 im besonderen Maße auch für die Ukraine.

Grafisch:

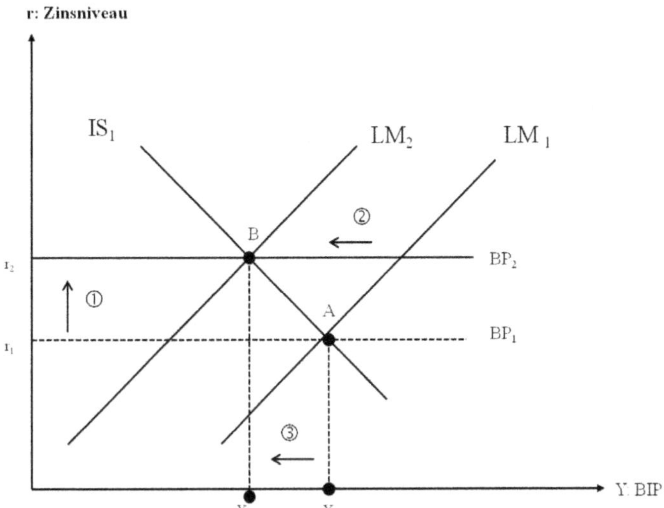

Abbildung 39: Vertrauensverlust und festes Wechselkurssystem

In einem flexiblen Wechselkurssystem muss die Abwertung nicht durch eine obligatorische Intervention der Notenbank verhindert werden. Im Gegenteil: die schwächere Währung verbessert die preisliche Wettbewerbsfähigkeit ungarischer Exportprodukte und erhöht die Absorption inländischer Produktion (IS-Funktion verschiebt sich von IS_1 auf IS_2; ②), sodass das neue Gleichgewicht im Punkt B durch ein höheres BIP-Wachstum gekennzeichnet ist (Y_2).

Fazit: Steht unter den oben beschriebenen Rahmenbedingungen das Wechselkurssystem zur Disposition, so wäre ein flexibles Wechselkurssystem zur Stabilisierung der Konjunktur die deutlich bessere Alternative.

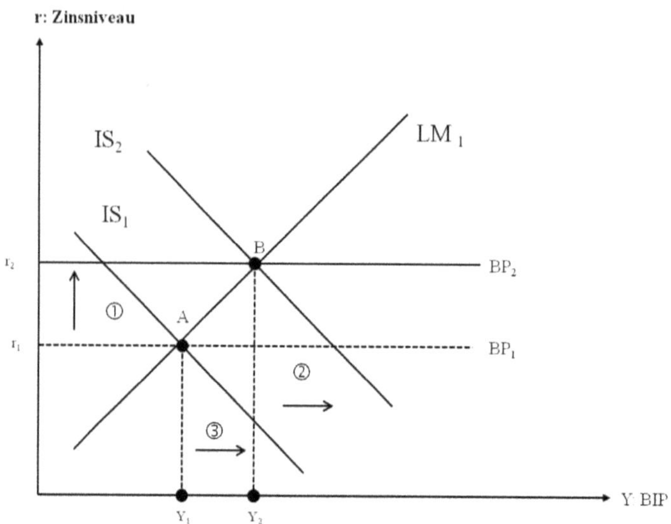

Abbildung 40: Vertrauensverlust und flexibles Wechselkurssystem

Fallstudie 3:
Der €-Währungsraum lässt sich als ein Spezialfall eines unveränderlich festen Wechselkurssystem zwischen den Mitgliedsländern kennzeichnen.

(a) Was passiert, wenn ein Land auf die Idee kommt, eine expansive Fiskalpolitik zu betreiben, während die Europäische Zentralbank (=EZB) im Rahmen ihrer Geldmengenstrategie das Geldangebot nicht verändert.
(b) Welche konjunkturellen Konsequenzen würden sich ergeben, wenn die EZB eine Geldmengenfinanzierung der expansiven Fiskalpolitik betreiben würde (***policy mix***)?

Lösung
(zu a): Verbale Lösung:
Aus den vorangegangenen Ausführungen im Rahmen der IS-LM Modells in einer geschlossenen Volkswirtschaft weiß der Leser dieser Monographie, dass eine expansive Fiskalpolitik zu einer Rechtsverschiebung der IS-Funktion führt. In unserem Beispiel kommt es zu einer Parallelverschiebung von IS_1 auf IS_2 (①). Der gestiegene Kapitalbedarf des Staates führt zu einem Anstieg des Zinsniveaus, was wiederum die Kapitalimporte erhöht. Das neue, langfristig instabile Gleichgewicht wird im Punkt B realisiert, der durch einen Zahlungsbilanzüberschuss gekennzeichnet ist.

Da die Nachfrage nun größer ist als das Angebot auf dem Devisenmarkt, wertet sich die heimische Währung auf, was wiederum die preisliche Wettbewerbsfähigkeit heimischer Exporte reduziert und zu einer Linksverschiebung der IS-Funktion zum Ursprungsgleichgewicht führt.

Gleichzeitig dürfte der Zinsanstieg zu einer Reduzierung der privaten Konsum- und Investitionsneigung in der betroffenen Volkswirtschaft führen, was den konjunkturellen Trend verstärkt.

Fazit: Eine (isolierte) expansive Fiskalpolitik, die nicht durch eine Ausweitung der Geldmenge finanziert wird, ist vor dem Hintergrund konjunktureller Effekte vollkommen wirkungslos.

Grafisch:

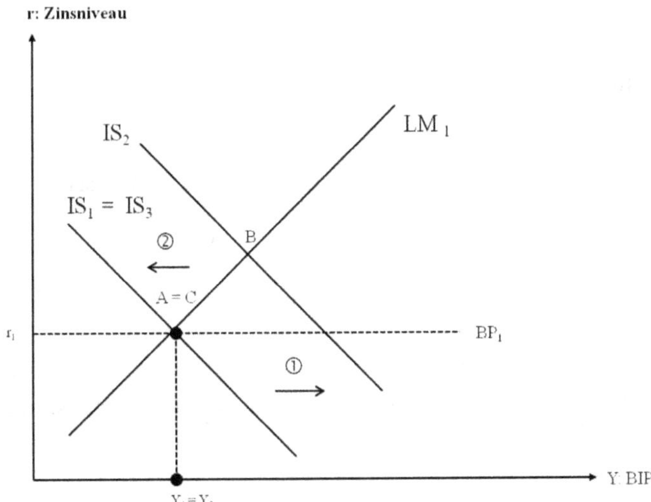

Abbildung 41: Expansive Fiskalpolitik nach Einführung des €

Lösung zu (b): Verbale Lösung

Aus der Lösung zu (b) wird deutlich, warum 2015 die EZB über eine Ausweitung der Geldmenge (= Rechtsverschiebung der LM-Funktion;②) die expansive Fiskalpolitik (①) einiger Volkswirtschaften finanziert. Durch diesen ***policy mix*** wird nachhaltig die (kurzfristige) konjunkturelle Wirksamkeit erhöht (③). Dass diese Vorgehensweise langfristig die Verschuldensproblematik vieler Staaten verschärft, begegnete ***Keynes*** mit dem allseits bekannten Zitat:

„In the long run we're all dead".

Grafisch:

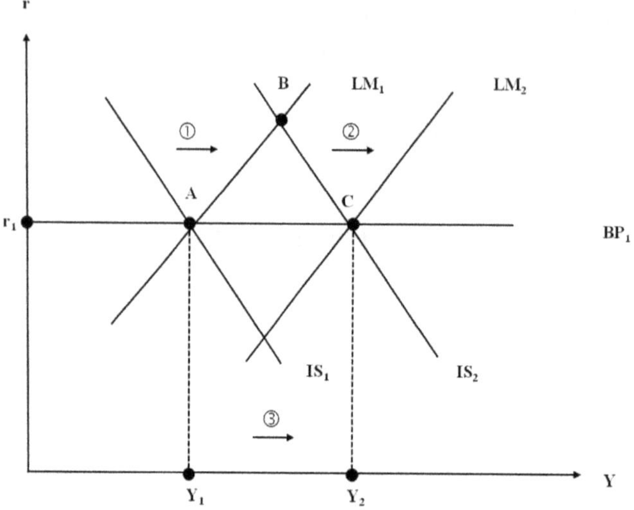

Abbildung 42: Policy Mix in einer kleinen, offenen Volkswirtschaft

5.6 Geld- und fiskalpolitische Optionen in einer großen Volkswirtschaft

Bisher wurde im Rahmen der vorliegenden Monografie nur analysiert, wie sich eine Fiskal- und Geldpolitik in einer kleinen, offenen Volkswirtschaft auswirken können. Die Handlungsoptionen, die sich für eine großen Volkswirtschaft, wie z. B. die USA, die EU, China oder Japan ergeben, sind jedoch andere und sollen deshalb in diesem Kapitel untersucht werden.

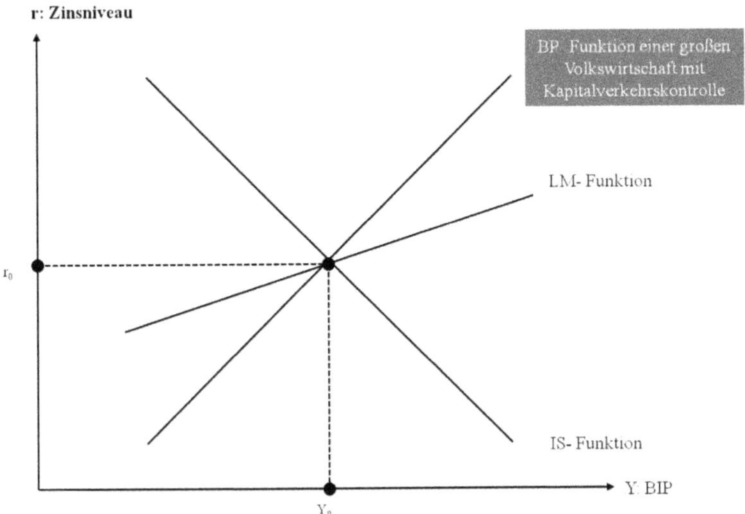

Abbildung 43: Große Volkswirtschaft mit Kapitalverkehrsbeschränkungen

Ausgangspunkt der Betrachtung ist auch hier – wie in der o. a. Abbildung ersichtlich – das IS-LM-BP Modell. Im Vergleich zum Mundell-Fleming Modell besitzt die BP-Funktion eine mehr oder minder große Steigung. Begründet wird dies damit, dass in einer großen Volkswirtschaft das Ausmaß an Kapitalimporten und –exporten so groß sein kann, dass es Einfluss auf das Kapitalmarktzinsniveau dieses Landes hat. Mit anderen Worten: Das Zinsniveau ist nicht ausschließlich fremd bestimmt (=exogen vorgegeben).

Im Modellzusammenhang werden jetzt zwei verschiedene Volkswirtschaften unterschieden. In der **Abbildung 39** ist eine große Volkswirtschaft – wie zum Beispiel China – angeführt, die den Kapitalverkehr mit dem Ausland (deutlich) beschränkt. Um dies darstellen zu können, wird eine steile BP-Funktion (zumindest steiler als die LM-Funktion) gewählt. Es müssen also enorme Renditedifferenzen in der Kapitalanlage zugunsten Chinas vorliegen, um sich zu einer Vermögensanlage in diesem Land durchzuringen.

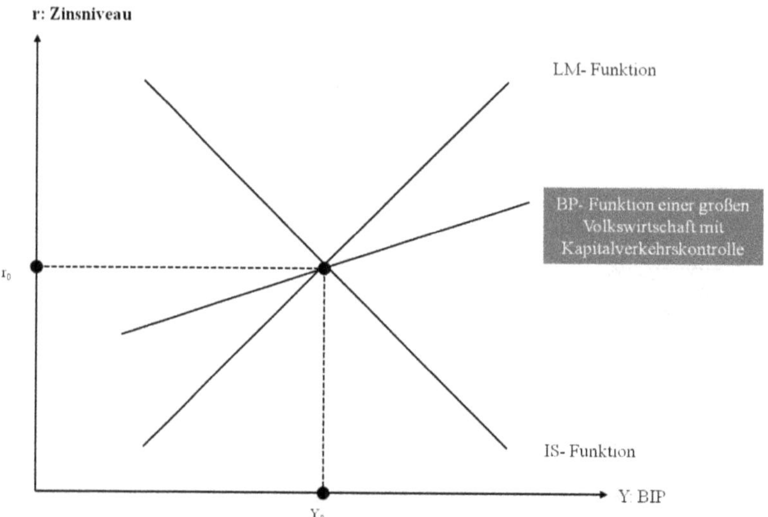

Abbildung 44: große Volkswirtschaft ohne Kapitalverkehrskontrollen

In der **Abb. 40** ist hingegen eine Volkswirtschaft mit liberalisiertem Kapitalverkehr angeführt. Modelliert wird dies durch eine BP-Funktion, deren Steigung niedriger ist als die LM-Funktion: Hier reichen aufgrund geringer Transaktionskosten geringe Renditedifferenzen zwischen In- und Ausland zu einem Kapitalim- bzw. –export.
Jetzt haben wir die Voraussetzungen, um die konjunkturellen Wirkungen einer expansiven Fiskal- oder Geldpolitik in einer großen Volkswirtschaft in Abhängigkeit von dem Ausmaß einer Devisenbewirtschaftung analysieren zu können.

5.6.1 Geld- und fiskalpolitische Optionen einer großen Volkswirtschaft mit Kapitalverkehrskontrollen

Bei der Analyse der Wirkungen sind uns die Kenntnisse des Mundell-Fleming Modells nützlich, die uns auch hier den Anpassungsprozess offen legen. Zuerst spielen wir ein ***deficit spending*** (= eine Kredit finanzierte Staatsausgabenerhöhung) in einem System fester Wechselkurse durch. Als Beispiel sei hierfür das Konjunkturprogramm der Chinesen auf dem Höhepunkt der Finanzmarktkrise angeführt.

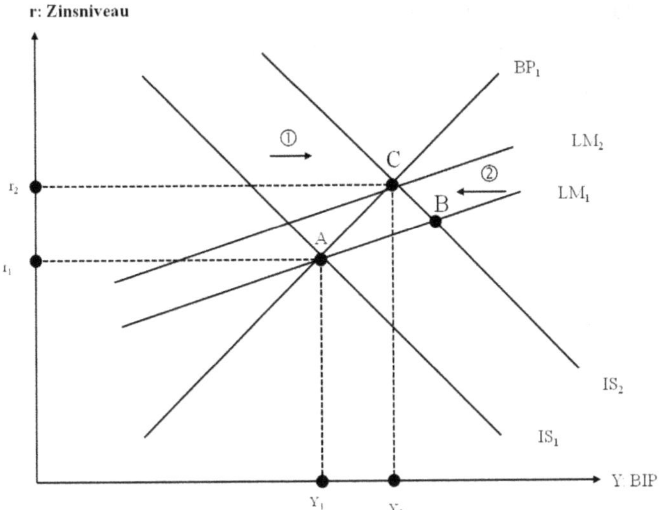

Abbildung 45: expansive Fiskalpolitik in einer großen Volkswirtschaft mit Kapitalverkehrskontrollen

Eine expansive Fiskalpolitik führt in einem ersten Schritt (①) zu einer Rechtsverschiebung der IS-Funktion. Es wird im Punkt B – der unterhalb der BP-Funktion liegt – und den Schnittpunkt von IS_2- und LM_1-Funktion beschreibt, ein instabiles Zwischengleichgewicht realisiert. Im Vergleich zur Ausgangssituation im Punkt A liegt sowohl ein höheres Kapitalmarktzinsniveau r als auch ein gestiegenes BIP vor. Da jedoch Kapitalverkehrs-kontrollen vorliegen, ist der Devisenabfluss aufgrund der gestiegenen Warenimporte größer als der Kapitalimportzuwachs durch die höheren inländischen Zinsen. Es liegt also ein Zahlungsbilanzdefizit vor. Dadurch gerät die heimische Währung unter Abwertungsdruck. Da in einem System fester Wechselkurse die heimische Notenbank jetzt intervenieren muss, kauft sie heimische Währung an (② Linksverschiebung der LM-Funktion), was zwar de facto die Abwertung verhindert, allerdings durch eine Verknappung der Liquidität das Kapitalmarktzinsniveau weiter steigen lässt, den Zins-Crowding-Out Effekt erhöht und private Investitions- und Konsumneigung reduziert. Das neue stabile Gleichgewicht im Punkt C beschreibt somit eine Situation, die unter konjunkturellen Gesichtspunkten nicht nennens-wert besser ist als die Ursprungslage. Fazit: die konjunkturellen Wirkungen einer expansiven Fiskalpolitik in einer großen Volkswirtschaft mit Kapitalverkehrskontrollen sind in einem festen Wechselkurssystem gering.

Wie ändert sich nun die konjunkturelle Wirksamkeit einer Kredit finanzierten Fiskalpolitik, sofern eine große Volkswirtschaft ein flexibles Wechselkurssystem hätte, d.h. die Interventionspflicht der Notenbank würde entfallen?

In der u. a. Abbildung sind die Anpassungsschritte dokumentiert. Zuerst kommt es wieder zu einer Rechtsverschiebung der IS-Funktion (①).

Punkt B wird als instabiles Zwischengleichgewicht erreicht, der ein Zahlungsbilanzdefizit beschreibt. Auch hier gerät die heimische Währung unter Abwertungsdruck. Bis zu diesem Punkt spielt das Wechselkurssystem keine Rolle und der Anpassungsprozess kann von den Ausführungen zum festen Wechselkurssystem übernommen werden.

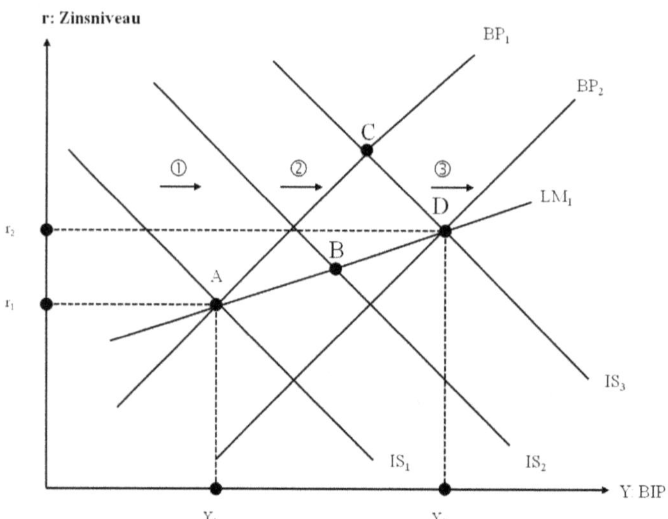

Abbildung 46: expansive Fiskalpolitik in einem flexiblen Wechselkurssystem mit Kapitalverkehrskontrollen

In einem flexiblen Wechselkurssystem führt aber die Abwertung der heimischen Währung zu einer Verbesserung der preislichen Wettbewerbsfähigkeit der Exportprodukte, sodass über eine Steigerung der Ausfuhren sich in der betrachteten Volkswirtschaft die IS-Funktion weiter nach außen verschiebt (②). Auch hier wird wieder ein instabiles Gleichgewicht im Punkt C realisiert, da die Exporte zu einem Anstieg der Nachfrage nach heimischer Währung führen. Ein Devisenmarktgleichgewicht könnte also nur durch ein Zinssenkung (Rechtsverschiebung der BP-Funktion (③) realisiert werden.

Das neue Gleichgewicht im Punkt D ist durch ein stark gestiegenes BIP Y gegenüber der Ausgangssituation A gekennzeichnet, d. h. die konjunkturelle Wirksamkeit einer expansiven Fiskalpolitik ist in einem System flexibler Wechselkurse mit Devisenbewirtschaftung hoch.

5.6.2 Geld- und fiskalpolitische Optionen einer großen Volkswirtschaft mit liberalisiertem Kapitalverkehr

Welche Implikationen (= Schlussfolgerungen) sich aus einem liberalisierten Kapitalverkehr ergeben, werden in diesem Kapitel analysiert. So wurden zum Beispiel mit Wirkung zum 1. Januar 1994 sämtliche Beschränkungen im Kapitalverkehr zwischen den EU-Mitgliedsländern untersagt. Auch China überlegt die umfangreichen Beschränkungen auf diesem Markt nachhaltig zu lockern. So ist zum Beispiel die Errichtung eines Handelsplatzes für chinesische Währung in Frankfurt ein wichtiger Schritt.

Das deficit spending (= Kredit finanzierte Fiskalpolitik) führt zur Rechtsverschiebung der IS-Funktion (① in der u. a. Abbildung). Punkt B, der durch ein gestiegenes BIP und höheren Kapitalmarktzinsen gekennzeichnet ist, wird als instabiles Zwischengleichgewicht erreicht. Da es jedoch keine nennenswerten Beschränkungen des Kapitalverkehrs gibt, führt der Zinsanstieg zu massiven Kapitalimporten, zur Erhöhung der Nachfrage nach heimischer Währung und damit zur Währungsaufwertung.

Im festen Wechselkurssystem muss nun die Notenbank die Aufwertung verhindern. Sie weitet deshalb die Geldmenge aus, d.h. sie führt mehr Liquidität in den Markt (Rechtsverschiebung der LM-Funktion (②). Dies führt zu einer Verringerung des Zinsanstiegs und belebt dadurch die Binnennachfrage. Die Endsituation im Punkt C ist durch ein deutlich gestiegenes BIP gekennzeichnet.

Fazit: Eine expansive Fiskalpolitik ist in einer großen Volkswirtschaft unter der Bedingung eines liberalisierten Kapitalverkehrs im System fester Wechselkurse konjunkturell besonders wirksam.

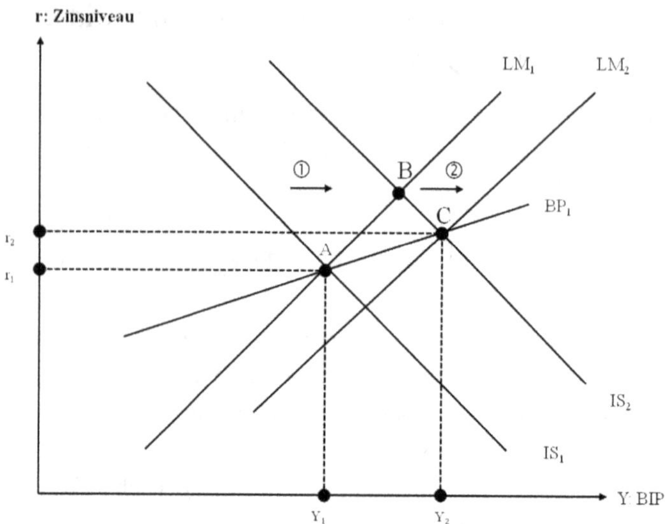

Abbildung 47: expansive Fiskalpolitik mit liberalisiertem Kapitalverkehr im System fester Wechselkurse

Letztendlich fehlt nur noch in diesem Zusammenhang die Auswirkung eines flexiblen Wechselkurssystems.

Nach dem Studium der vorherigen Kapitel dürfte es mittlerweile nachvollziehbar sein, dass die expansive Fiskalpolitik zu einer Rechtsverschiebung der IS-Funktion führt und Punkt B erreicht wird (①). Da er oberhalb von BP_1 liegt, beschreibt er einen Zahlungsbilanzüberschuss. Die heimische Währung gerät unter Aufwertungsdruck. Bis zu diesem Punkt spielt das Wechselkurssystem keine Rolle.

Im System flexibler Wechselkurse entfällt jedoch die Interventionspflicht der Notenbank, sodass die Aufwertung zu einer Verteuerung der Exporte führt und damit die Ausfuhren reduziert (Linksverschiebung der IS-Funktion (②). In einem Drittrundeneffekt kann dann nur ein Zahlungsbilanzausgleich realisiert werden, wenn die Kapitalmarktzinsen steigen (③), was die Binnennachfrage reduziert und zur Endsituation C führt. Hier ist also die konjunkturelle Wirksamkeit einer expansiven Fiskalpolitik gering.

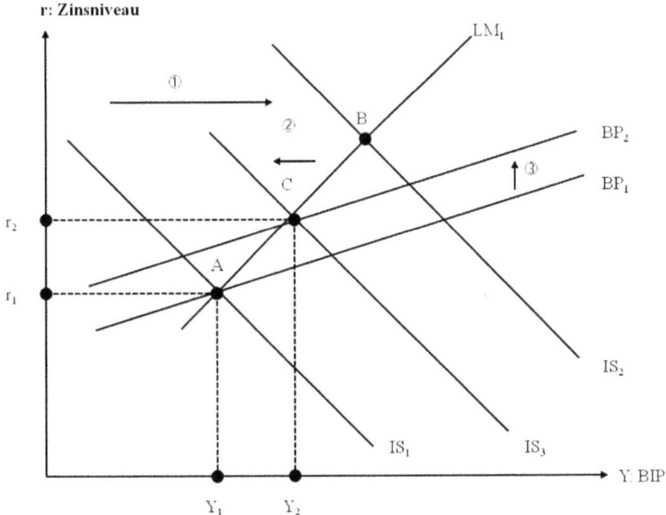

Abbildung 48: expansive Fiskalpolitik in einer großen Volkswirtschaft mit liberalisiertem Kapitalverkehr und einem flexiblen Wechselkurssystem

Zum Schluss möchte der Verfasser die Erkenntnisse dieses Kapitels in einer Tabelle zusammenfassen.

Tabelle 5: konjunkturelle Wirksamkeit einer expansiven Fiskalpolitik in einer großen Volkswirtschaft

	Wirksamkeit	
	im festen Wechselkurssystem	im flexiblen Wechselkurssystem
expansive Fiskalpolitik **mit** Kapitalverkehrskontrollen	gering	hoch
expansive Fiskalpolitik **ohne** Kapitalverkehrskontrollen	hoch	gering

6 Inflationsarten

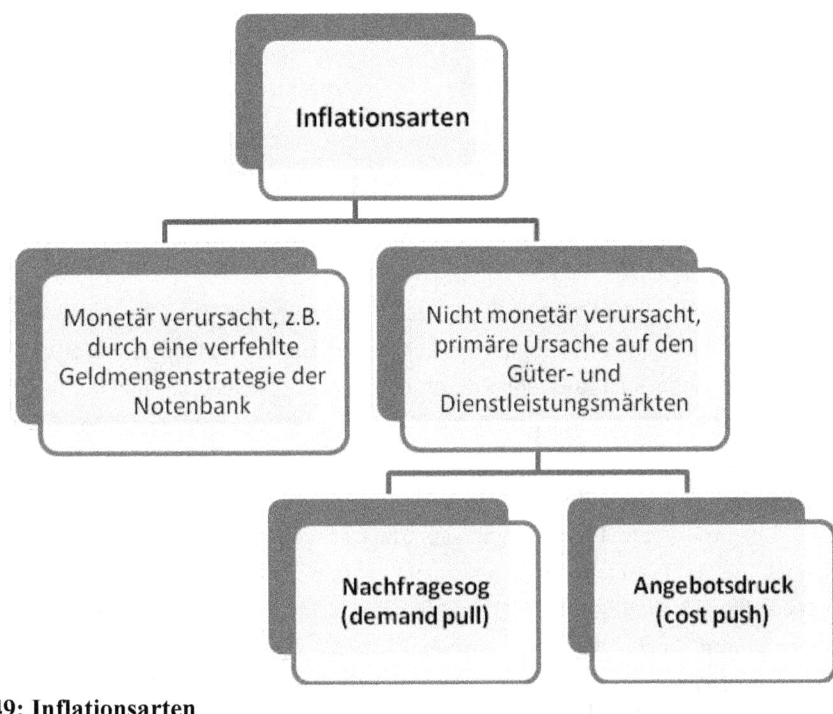

Abbildung 49: Inflationsarten

In der o. a. Abbildung sind denkbare Inflationsursachen aufgelistet. Ziel einer Notenbank muss es sein, primär die durch diese Institution verursachbaren Gründe (= monetäre Gründe) möglichst zu vermeiden. Auf die monetären Ursachen wird im Detail im Rahmen der geldpolitischen Strategie der EZB eingegangen.

6.1 Nicht monetäre Inflationsursachen

6.1.1 Nachfragesogursachen

Die einzelnen Komponenten

Zur Analyse der nicht durch eine verfehlte Notenbankpolitik induzierten Inflation ist die Betrachtung der Gleichung für das Gütermarktgleichgewicht in einer offenen Volkswirtschaft sinnvoll:

$$Y^s\text{: Güterangebot} = Y^d\text{: Güternachfrage} = C + I + G + X - M.$$

Aus der Gleichung sowie aus der Unterscheidung zwischen Angebotsdruck und Nachfragesog werden die Gruppen deutlich, die für die Verletzung der Preisniveaustabilität verantwortlich gemacht werden können: die Produzenten bzw. Anbieter[22] oder einzelne Nachfragegruppen.

In vielen Volkswirtschaften hat auf der Nachfrageseite die sog. Staatsnachfrageinflation ($G\uparrow$), also eine unsolide Ausgabenpolitik der öffentlichen Hand, die größte Bedeutung. Insbesondere, wenn Staatsausgaben durch die eigene Zentralbank, also durch die Notenpresse, finanzierbar sind, ist die Gefahr einer Staatsnachfrageinflation hoch. In der Geschichte Deutschlands führte diese Form zwei Mal zum Zusammenbruch der Währung. Seit Beginn der Bundesrepublik und selbstverständlich auch seitdem die EZB die Arbeit aufgenommen hat, ist eine direkte Finanzierung der Staatsausgaben durch die Notenbank verboten. Da jedoch die Geldmengenentwicklung nicht ausschließlich durch die Zentralbank steuerbar ist (Sekundärgeldschöpfung der Geschäftsbanken, Anstieg der Umlaufgeschwindigkeit), ist diese Form nicht gänzlich ausgeschlossen. Andere Notenbanken, wie die U.S.-Amerikanische Fed und die Bank of England haben allerdings im Rahmen der Finanzmarktkrise 2009 direkt Staatsschuldtitel von ihren Regierungen gekauft und damit direkt die Ausgaben ihrer öffentlichen Haushalte finanziert. Auch die EZB betreibt den Ankauf von Staatsanleihen seit März 2015 auf dem Sekundärmarkt.

Darüber hinaus können die Impulse für eine ***Nachfragesoginflation*** selbstverständlich auch von der privaten binnenwirtschaftlichen Nachfrage kommen. In Ländern mit hohem realen Wirtschaftswachstum, wie China und Irland bis zur Jahrtausendwende, führen ein stark wachsender privater Konsum ($C\uparrow$) und ein Zuwachs der privaten Investitionsneigung ($I\uparrow$) dazu, dass die Ausweitung der Produktionskapazitäten (Erschließung neuer Gewerbegebiete, Bau neuer Fabriken und Bürogebäude) und die Besetzung benötigter Stellen durch qualifizierte Arbeitnehmer kurzfristig nicht Schritt halten konnten und deshalb die Absatzpreise stiegen.

---

[22] Dies können auch die Anbieter von Arbeit, also die Arbeitnehmer, sein (Anmerkung des Verfassers).

Bis Mitte 2009 hatte die deutsche Wirtschaft das Attribut des Exportweltmeisters. Ein wachsendes Exportvolumen lastet selbstverständlich inländische Kapazitäten ebenso stärker aus wie eine starke Binnennachfrage, sodass auch hier der Inflationsdruck steigt.

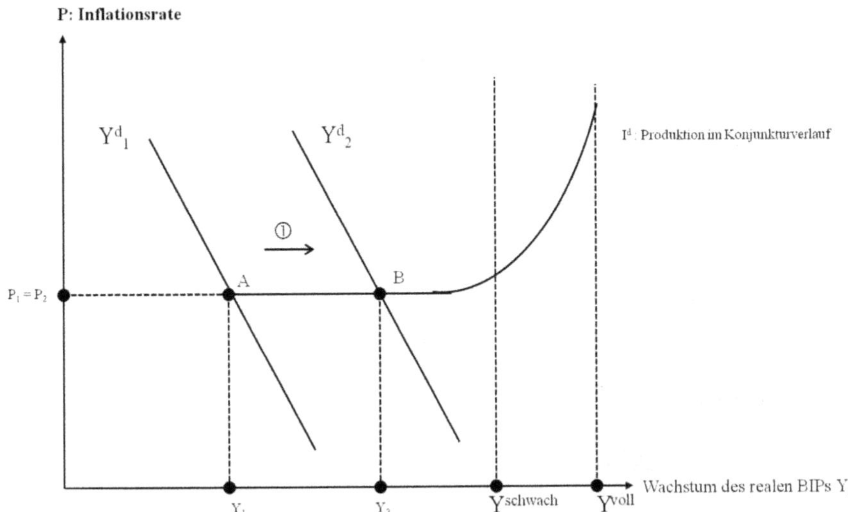

Abbildung 50: Nachfragesog und Rezession

In der o. a. Abbildung ist eine Belebung der gesamtwirtschaftlichen Güternachfrage Y^d in einer Rezession dargestellt (①). Dabei spielt es keine Rolle, ob diese Belebung der Nachfrage durch eine binnenwirtschaftliche Komponente (privater Konsum C, Investitionen I, Staatsausgaben G) oder durch einen Anstieg des Exportvolumens X ausgelöst wurde. In einer schwachen konjunkturellen Ausgangslage wird die Nachfragebelebung kaum zu einem Anstieg der Inflationsgefahren führen. In unserem Beispiel bleibt sogar das Preisniveau unverändert ($P_1 = P_2$). Kennzeichen einer Rezession ist eine deutliche Unterauslastung der Fertigungskapazitäten, sodass eine Verbesserung der Auftragslage leicht über einen Abbau des Lagerbestandes und durch einen Anstieg der Produktion abgefedert werden kann. Der Konkurrenzdruck ist in dieser Situation enorm, da in der Summe alle Mitbewerber eine schwache Auftragslage haben. Die stärkere Auslastung wird zwar zu Stückkostendegressionen führen. Der Wettbewerbsdruck wird aber eine Erhöhung der Absatzpreise kaum möglich erscheinen lassen, sodass der Mengeneffekt (von Y_1 nach Y_2) den Preiseffekt deutlich dominiert.

Betrachten wir nun eine Belebung der gesamtwirtschaftlichen Nachfrage in einer Hochkonjunktur (①). Bei bereits stark ausgelasteten Kapazitäten wird es schwierig sein, kurzfristig über eine Ausweitung der Fertigungsmöglichkeiten, z. B. über den Bau einer neuen Produktionsstätte, den gestiegenen Nachfragebedürfnissen Rechnung zu tragen. Deshalb werden Unternehmen eher ihre Absatzpreise erhöhen (②; von P_1 auf P_2).

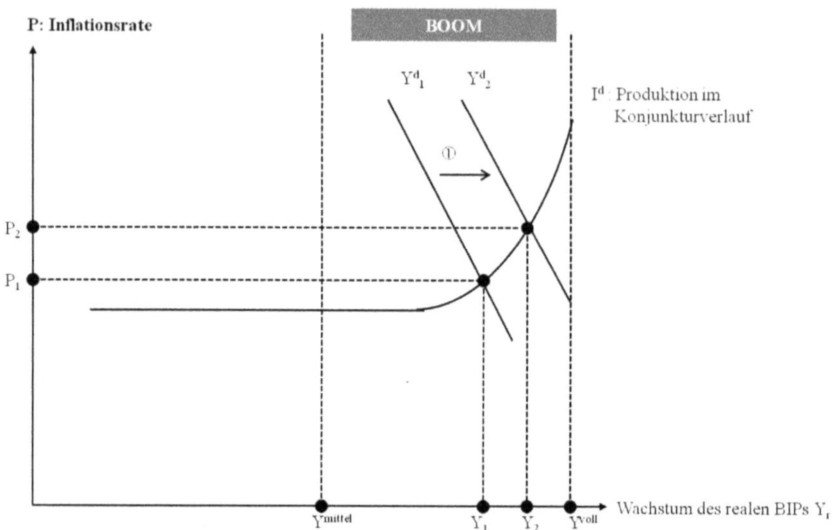

Abbildung 51: Nachfragesog und Boom

6.1.2 Angebotsdruckinflation

Alle Faktoren, die zu einer Verteuerung des gesamtwirtschaftlichen Produktionsvolumens führen, können auch zu einer ***Angebotsdruckinflation*** führen. In diesem Zusammenhang darf der Verfasser darauf hinweisen, dass unter Wettbewerbsdruck die ***Angebotsfunktion*** Y^s den marginalen (Grenz-) Produktionskosten entspricht. Würden sich z. B. die Lohnkosten in Deutschland erhöhen, dann kann dies durch eine Verschiebung der Produktions- bzw. Angebotsfunktion auf Y^s_2 beschrieben werden. Ein Teil der Anbieter von Sachgütern und Dienstleistungen wird aufgrund des Konkurrenzdrucks die Produktion verringern, da die Absatzpreise nicht mehr die gestiegenen Produktionskosten abdecken bzw. den Gewinn schmälern (Y_1 nach Y_2). Andere werden in der Lage sein, die gestiegenen Kosten auf den Endverbraucher zu überwälzen (von P_1 nach P_2;②). Neben einem Anstieg der Kosten kann auch fehlender Konkurrenzdruck als angebotsseitiger Grund für Inflation angeführt werden. Diese Inflationsursache wird deshalb auch als ***Marktmacht-*** bzw. ***Gewinninflation*** bezeichnet. In einigen Branchen ist ein starker Anstieg des Konzentrationsgrades feststellbar. So können durch Verhaltensabsprachen zwischen den Anbietern oder durch Monopolisierung die Absatzpreise hoch gehalten und damit die Gewinnmargen gesteigert werden. Aufgabe des Staates muss es deshalb sein, über eine adäquate Wettbewerbspolitik und Deregulierungspolitik missbräuchliche Verhaltensabsprachen bzw. Ausübung der Monopolmacht zu Lasten der Verbraucher zu unterbinden.

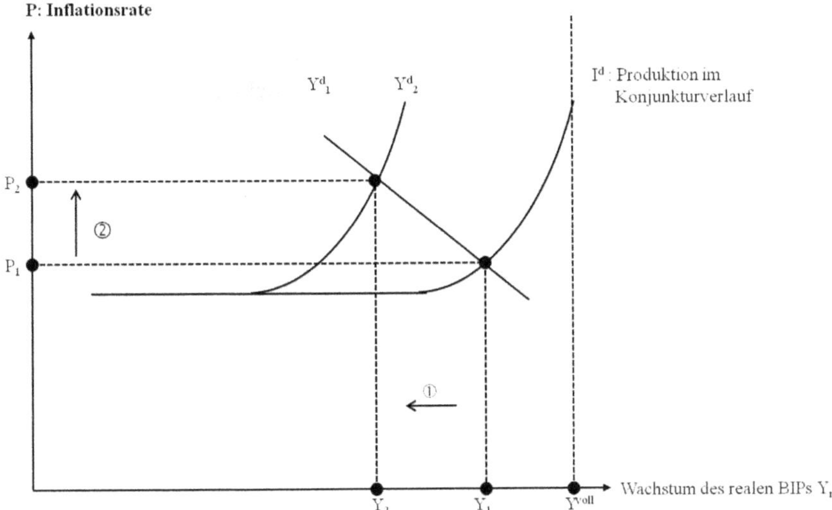

Abbildung 52: Angebotsdruck

6.1.3 Übungen

Analysieren Sie grafisch und verbal, ob jede Lohnsteigerung automatisch die Gefahr einer Inflation erhöht.

Lösung:

Der Verfasser möchte verdeutlichen, dass nicht jede Lohnerhöhung automatisch Inflationsgefahren schürt, da

- nicht jeder Anstieg der Löhne zu Steigerungen der Kosten führt und
- ein Anstieg der individuellen Kaufkraft nicht immer gesamtwirtschaftlich (deutliche) Nachfrageimpulse auf den Gütermärkten zeitigt.

(a) Lohnsteigerungen führen nicht zu einem Anstieg der Inflationsgefahren

Die Y^s-Funktion beschreibt die (gesamtwirtschaftlichen) Grenzkosten der Produktion. In vielen Fertigungs- und Dienstleistungsbereichen nehmen die Lohnkosten einen entscheidenden Anteil an den Gesamtkosten ein. Steigen die Lohnkosten, dann kommt es auch zu einem erhöhten Angebotsdruck, der durch eine Linksverschiebung der Y^s-Funktion modelliert werden kann. Es ist aber durchaus denkbar, dass die Lohnsteigerungen unter der Arbeitsproduktivitätsentwicklung bleiben.

Immer dann wenn $\log\frac{w}{P} < \log\frac{Y_r}{A}$ ist, wobei w der Nominallohn, P das Preisniveau, Y_r das reale BIP und A der Arbeitseinsatz sind, führt ein Anstieg des realen Stundenlohnes $\frac{w}{P}$ sogar zu Lohnkostensenkungen, was zu einer Rechtsverschiebung von Y^s führt.

Auch lässt sich der Kaufkrafteffekt, der den Verlauf und die Lage der Y^d-Funktion bestimmt, nicht eindeutig prognostizieren. Als ein Szenario kann hier angenommen werden, dass eine Steigerung des Reallohnes, die unter der Produktivitätsentwicklung bleibt, zu keiner (deutlichen) Nachfragesteigerung führt. Der Verfasser unterstellt deshalb, dass sich die Lage der Güternachfragefunktion Y^d nicht ändert. Zwar führt dann die Kostenreduzierung unter Wettbewerbsdruck zu einer Preissenkung, die zusätzlich Nachfrage induziert. In der Summe käme es dann unter den getroffenen Annahmen eher zu einer Preisniveausenkung, was in der u. a. Grafik verdeutlicht wird.

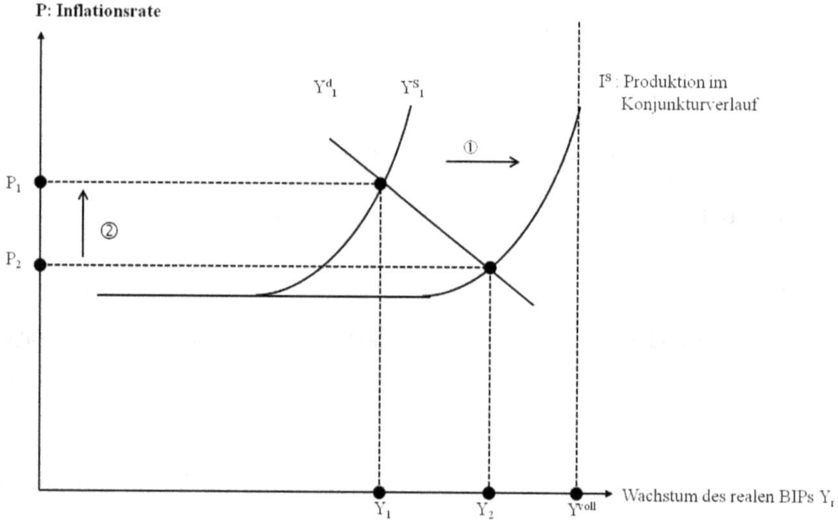

Abbildung 53: Lohnsteigerung und Inflation

Szenario 1: Lohnsteigerungen unter dem Anstieg der Arbeitsproduktivität führen zu einem Rückgang des Preisniveaus ($P_2 < P_1$)

(b) Lohnsteigerungen führen zu einem Anstieg der Inflationsgefahren

Im diametralen Gegensatz zu (a) stehen die hier getroffenen Annahmen. Der Verfasser unterstellt, dass die Lohnentwicklung deutlich über die Steigerung der Arbeitsproduktivität hinausgeht ($\log \frac{W}{P} > \log \frac{Y_r}{A}$). Dies führt zu einer Linksverschiebung der Y^s-Funktion (①). In der Realität sind hier unterschiedliche Anpassungsmechanismen der Unternehmen denkbar. Oft werden Lohnkostensteigerungen durch Rationalisierungsmaßnahmen abgefedert. Hier wird unterstellt, dass es (kurzfristig) nicht zu Entlassungen kommt und somit gesamtwirtschaftlich die Güternachfrage steigt (Parallelverschiebung der Y^d-Funktion auf $Y^d{}_2$). Angebotsdruck und Nachfragesog laufen deshalb in dieselbe Richtung, sodass unter den getroffenen Annahmen der Preisauftrieb aus der Lohnerhöhung deutlich sein könnte ($P_2 > P_1$;②).

Szenario 2: Lohnsteigerungen über dem Anstieg der Arbeitsproduktivität führen zu einem Anstieg des Preisniveaus ($P_2 > P_1$).

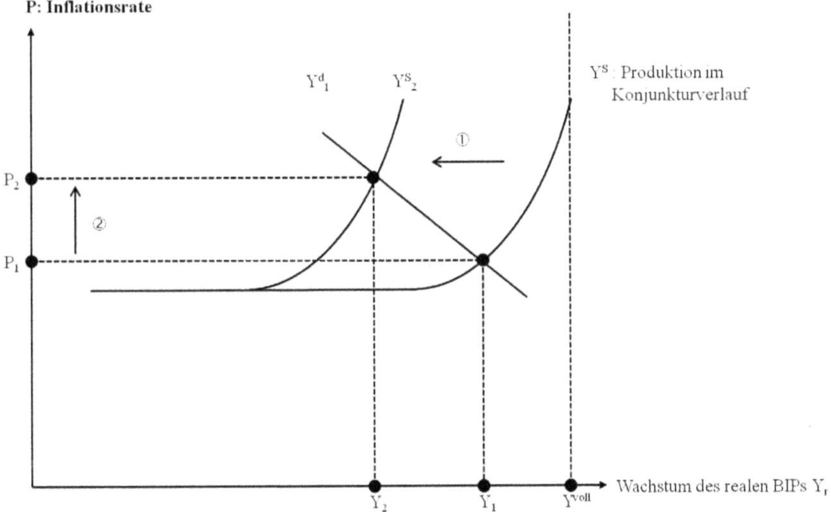

Abbildung 54: Lohnkostendruck

7 Wirkungen von Inflation

Sowohl im Artikel 105 Abs. 1 des EG-Vertrages als auch im § 1 des Gesetzes zur Förderung der Stabilität und des Wachstums in der Bundesrepublik Deutschland (kurz: Stabilitäts- und Wachstumsgesetz) aus dem Jahr 1967 ist das Ziel der Preisniveaustabilität festgeschrieben. Diese dominante Bedeutung für den geldpolitischen Entscheidungsträger ist auf die negativen Konsequenzen eines inflationären Prozesses zurück zu führen. In diesem Zusammenhang lassen sich drei Effekte unterscheiden:

- negative Allokationseffekte,
- Redistributionseffekte (=Umverteilungseffekte) sowie
- eine Beeinträchtigung der internationalen Wettbewerbsfähigkeit.

7.1 Allokationseffekte

Mit ***Allokation*** wird der Einsatz der Produktionsfaktoren in alternative Verwendungsformen bezeichnet. Der Einsatz ist dann effizient (= ***Allokationseffizienz***), wenn die Produktionsfaktoren (Arbeit, Kapital, Boden) dort eingesetzt sind, wo sie besonders knapp sind und deshalb ein besonders hohes Faktorentgelt (Lohn, Zinserträge, Gewinne usw.) realisieren. Der Preis übernimmt somit eine wichtige Steuerungs- und Signalfunktion. Ein steigender Preis führt zum Beispiel dazu, dass die Güter, deren Bedarf besonders hoch ist, tatsächlich produziert und angeboten und die Produktionsfaktoren in ihre effizientesten Einsatzorte gelenkt werden.

Steigt aber das Preisniveau im Rahmen einer Inflation, verlieren die Preise ihre Signalfunktion, weil die Anbieter von Sachgütern und Dienstleistungen nicht den Grund für den Anstieg feststellen können: Ist er ausschließlich durch eine allgemeine Inflationstendenz begründet oder ist er dadurch bedingt, dass die Nachfragebedürfnisse schneller wachsen als das Angebot. In vielen Fällen führt dies dann zu einer Fehlallokation der Ressourcen, d. h. zu fehlerhaften Produktions- und Investitionsentscheidungen. So konstatiert z. B. ***Pätzold*** die Herausbildung einer Inflationsmentalität: Um sich gegen den Geldwertschwund zu schützen, investieren Wirtschaftsteilnehmer bei einer hohen beziehungsweise ansteigenden Inflation in Immobilien[23] und nicht in den Aufbau neuer Produktionskapazitäten. Dies führt zu einer Schwächung des Wirtschaftswachstums und damit langfristig zu einem Rückgang der Beschäftigung im Vergleich zu Volkswirtschaft mit Preisniveaustabilität.

---

[23] Deshalb wird auch in diesem Zusammenhang von einer Flucht in das Betongold gesprochen (*Anmerkung des Verfassers*).

So belegt eine Vielzahl von empirischen Studien, dass Länder mit hohen Inflationsraten, geringere Wachstumsraten des realen BIPs und hohe Arbeitslosenzahlen zu verzeichnen haben.

7.2 Redistributionseffekte

Ein inflationärer Prozess wirkt keineswegs gleichmäßig auf die einzelnen Bevölkerungsgruppen. Im Rahmen der sog. ***Lohn-Lag-Hypothese*** wird herausgearbeitet, dass Lohn- und Gehaltsempfänger immer dann Inflationsverlierer sind, wenn die Lohnentwicklung geringer ausfällt als die Preissteigerungen. In der Realität ist dies immer dann der Fall, wenn sich die Inflation dauerhaft beschleunigt und sich die Entwicklung nicht mehr genau prognostizieren lässt. Würde es allerdings den Gewerkschaften gelingen, die Lohnforderungen an die Preisniveauentwicklung zu koppeln, dann würde die Last der Inflation auf die Verbraucher und Arbeitgeber überwälzt.
Vielfach ist auch beobachtbar, dass bei Transferempfänger, die z. B. ALG-II, Kindergeld bzw. Renten erhalten, nur zeitverzögert die Sozialleistungen angepasst werden oder sogar die Zuwachsraten geringer sind als der Anstieg der Preise. Dann würde die reale Kaufkraft der Transferbezieher einbrechen (**Transfereinkommens-Lag-Hypothese**).
Seit der ***Miquelschen***[24] ***Steuerreform*** von 1891/93 in Preußen existiert in Deutschland ein progressiver Einkommensteuertarif, d. h. Einkommenszuwächse führen zu einem überproportionalen Anstieg der Steuerlast. Das deutsche Steuersystem fragt in diesem Zusammenhang nicht, woraus der Einkommensanstieg resultiert. Steuerzahler sind also immer dann Inflationsverlierer, wenn der Anstieg der Gehälter nur nominaler Natur ist und diese Zuwächse zu einem Anstieg der Grenzsteuerlast führen. Dieses Phänomen wird auch als ***kalte Progression*** bezeichnet. Wird also nur die staatliche Einnahmeseite betrachtet, ist der deutsche Staat Inflationsgewinner. Allerdings führt ein Anstieg des Preisniveaus in den meisten Fällen auch dazu, dass der Staat seinen Bediensteten höhere Löhne und auch bei der Vergabe öffentlicher Aufträge steigende Preise in Kauf nehmen muss. **Pätzold** zitiert in diesem Zusammenhang den Sachverständigenrat, der per Saldo den Staat als Inflationsverlierer sieht.
Ob Gläubiger Inflationsverlierer und Schuldner Gewinner eines dauerhaften Preisniveauanstiegs sind (***Gläubiger-Schuldner Hypothese***), hängt von der Realverzinsung der Kapitalanlagen ab. Da in der Regel ein fester Geldbetrag aufgenommen wird, führt ein Anstieg der Inflation dazu, dass die Schulden real weniger wert werden.

---

24 Benannt nach Johannes Franz Miquel, ab 1897 von Miquel (* 19. Februar 1828 in Neuenhaus, Grafschaft Bentheim; † 8. September 1901 in Frankfurt am Main), Dr. jur. h.c.; er war von 1890 bis zu seinem Rücktritt 1901 preußischer Staats- und Finanzminister und gilt als Vater des progressiven Einkommensteuersystems.

Gleichzeitig ist beobachtbar, dass in Zeiten hoher Inflationsraten regelmäßig die Realverzinsung der Kapitalanlagen gering ist. Im Einzelnen hängt aber die Realverzinsung immer von der Verhandlungsposition der Gläubiger ab, die bei Kleinstanlegern (z. B. bei Inhabern eines niedrig verzinslichen Sparbuches) eher gering ist. Eine konsequente Antiinflationspolitik ist insofern die beste Sozialpolitik.

7.3 Beeinträchtigung der internationalen Wettbewerbsfähigkeit

Im Rahmen der €-Währungszone spielen Wechselkursänderungen im Handel zwischen den beteiligten Volkswirtschaften keine Rolle mehr. Erhöht sich das Preisniveau in einem Land, so sinken ceteris paribus die preisliche Wettbewerbsfähigkeit und damit die Exportchancen.

8 Deflation und gefühlte Inflation

8.1 Ursachen von Deflation

Als ***Deflation*** (Gegenteil der Inflation) wird ein dauerhafter Rückgang des Preisniveaus aller Waren, Dienstleistungen und Vermögenswerte bezeichnet. Insbesondere in der Finanzmarktkrise seit 2009 – so wird von einer Vielzahl von Wirtschaftswissenschaftlern behauptet – hatten die wirtschaftspolitischen Entscheidungsträger nur die Wahl zwischen Pest (Inflation) und Cholera (Deflation). Was auf den ersten Augenschein zumindest für den Konsumenten Vorteile durch das sinkende Preisniveau bringen könnte, stellt sich bei differenzierter Analyse als fataler Circulus vitiosus (= Teufelskreis) von Preisverfall und wirtschaftlichem Depression heraus. Sobald sich die Volkswirtschaft, wie z. B. Japan Ende der 90er Jahre, in einer solchen Deflationsspirale befindet, ist der Einsatz der Geldpolitik zur Stabilisierung der Konjunktur vollkommen wirkungslos.

Denkbare Ursachen für Deflation sind in der nächsten Abbildung aufgelistet. Eine entscheidende Ursache der ***Finanzmarktkrise*** war das Platzen der Immobilienblase in den Vereinigten Staaten, d. h. es kam zu einem massiven Verfall der Immobilienpreise in diesem Land.

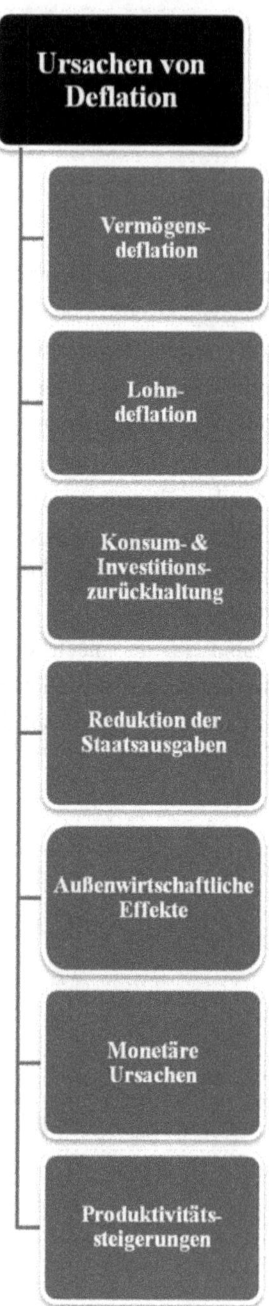

Abbildung 55: Ursachen von Deflation

Da in der Regel die Anschaffung eines Hauses über Hypothekenkredite finanziert wurde und wird, kam es zur Überschuldung vieler privater Haushalte und massiven Forderungsausfällen der Geschäftsbanken, sodass auch die Kreditinstitute in Mitleidenschaft gezogen wurden. Die Bereitschaft zur Kreditvergabe sank, was insgesamt zu einer Liquiditätsklemme führte und zu einer sinkenden Güternachfrage beitrug. Im Extremfall trägt somit eine **Vermögensdeflation** zu einem allgemeinen Rückgang des Preisniveaus aller Sachgüter und Dienstleistungen bei.

Bilden sich nachhaltig Deflationserwartungen heraus, so kann dies den Teufelskreis eines dauerhaften Rückgangs des Preisniveaus über **Lohndeflation** verstärken: Deflationserwartungen können sich auch in den Lohnforderungen der Arbeitnehmer widerspiegeln. Sofern die Tarifverhandlungen zu sinkenden Löhnen und damit zu einem Einbruch der Kaufkraft führen, geben auch aus diesem Grund die Preise nach.

Gehen die Wirtschaftsteilnehmer in einer Deflation von einer sich permanent verschlechternden Zukunftsperspektive aus, die durch sinkende Immobilienpreise, einer reduzierten Beschäftigungsperspektive und einer Verschlechterung der Auftragslage geprägt ist, so wird dies zu einer deutlichen Konsum- und Investitionszurückhaltung führen.

Durch das enorme Staatsdefizit Griechenlands, das Ende 2010 über 15 Prozent des nationalen BIPs betrug, war dieses Land gezwungen, seine öffentlichen Ausgaben drastisch zurückzufahren. Dieser Entzugseffekt (= Nachfragelücke) kann jedoch die Gefahr einer Deflation verstärken (**Staatsausgabendeflation**).

Handelt es sich um eine offene Volkswirtschaft, so sind auch außenwirtschaftliche Ursachen für eine Deflation denkbar:

- Wird zum Beispiel der € gegenüber dem $ teurer (nominelle Aufwertung!), dann erhöhen sich unter sonst gleichen Bedingungen die $-Preise deutscher Exportprodukte, was in der Regel zu einem Rückgang der Ausfuhren und damit gesamtwirtschaftlich zu einer Nachfragelücke führt.
- Im Rahmen der Finanzmarktkrise kam es zu einem Folgen schweren Einbruch der Weltkonjunktur, der auch das Exportvolumen drosselte und über eine Nachfragelücke zu deflatorischen Prozessen führen kann.
- Protektionistische Maßnahmen in Form von tarifären und nicht-tarifären Handelshemmnissen von Handelspartnern können zu analogen Ergebnissen führen.

Nicht zuletzt sind es **monetäre Ursachen**, die zur Deflation führen bzw. den Teufelskreis einer zirkulären permanenten Preisniveausenkung verstärken können. Generell kann eine sehr restriktive Geldpolitik über hohe Zinsen und ein zu geringes Geldangebot deflatorische Prozesse auslösen.

Darüber hinaus können Nominalzinsen nahe „Null" bei permanenten Preissenkungen schon zu hoch für die Aufnahme eines Kredites sein. Mit Hilfe einer einfachen Formel lässt sich bei einer Nominalverzinsung $r_{nominal}$ von z. B. 0,25 % p. a. und einer Deflation P von – 5 % die Realverzinsung des Kredites r_{real} berechnen:

$\mathbf{r_{real}} = (r_{nominal})\ 0{,}25\ \% - (P) - 5\ \% = \mathbf{+\ 5{,}25\ \%}.$

Je höher also die Deflation, umso deutlicher weicht die Realverzinsung von der Nominalverzinsung nach oben hin ab. Die Senkung des Preisniveaus für Güter und Dienstleistungen innerhalb einer Volkswirtschaft erschwert für jeden Kreditnehmer die Tilgung sowie die Zinszahlungen, da der ***cash flow*** (= Umsatzüberschuss) dieses Wirtschaftsteilnehmers aufgrund der Deflation unter sonst gleichen Bedingungen immer geringer wird. Die beispielhafte Rechnung verdeutlicht die Handlungsunfähigkeit der Notenbank in einer Deflation über Zinssenkungen die Konjunktur ankurbeln zu können. Eine Ausweitung der Geldmenge hätte in diesem Zusammenhang auch keinen Erfolg, weil nicht nur die Bereitschaft der Konsumenten und Investoren sinkt, Kredite aufzunehmen, sondern auch die Geschäftsbanken sehr zögerlich bei der Kreditvergabe sein werden: Neben der niedrigen Nominalverzinsung gehen die Banken ein permanent steigendes Ausfallrisiko ein, sodass sich eine Darlehensgewährung zunehmend weniger lohnt.

8.2 Das Konzept der gefühlten Inflation

8.2.1 Methode des Statistischen Bundesamtes zur Berechnung der Inflation

Nach der €-Bargeldeinführung kam es 2002 zu einer stark vom Verbraucherpreisindex, der zur offiziellen Ermittlung der Inflationsrate benutzt wird, abweichenden Wahrnehmung der Preisentwicklung: Eine breite Öffentlichkeit war der Auffassung, dass die €-Einführung zu einem massiven Anstieg des Preisniveaus geführt hat, während das Statistische Bundesamt mit Hauptsitz in Wiesbaden eine vergleichsweise moderate Inflationsrate für das Betrachtungsjahr von 2,1 % auswies. Somit entstand ein Problem, dass die Validität der statistischen Ergebnisse angezweifelt wurde und das Vertrauen der Bevölkerung in den Verbraucherpreisindex sank. Deshalb wurde ***Hans Wolfgang Brachinger*** beauftragt, einen Index der wahrgenommenen Inflation (den sog. IWI) zu entwickeln, der auf der herkömmlichen Konzeption des Verbraucherpreisindex basiert und einen Vergleich zwischen der herkömmlichen Inflationsberechnung (= tatsächlicher Inflation) und der Wahrnehmung von Kaufkraftschwünden (gefühlte Inflation) systematisch ermöglicht.
Grundlage für die Berechnung der (tatsächlichen) Inflationsrate durch das Statistische Bundesamt bzw. des Eurostat ist der ***Preisindex der Lebenshaltung nach Laspeyres***:

$$I_t = \frac{\sum_{i=1}^{700} p_t(i) \cdot q_0(i)}{\sum_{i=1}^{700} p_0(i) \cdot q_0(i)}.$$

Zur Berechnung der aktuellen Inflationsrate zum Zeitpunkt t fließen beim Statistischen Bundesamt 700 Waren und Dienstleistungen (deshalb i (Güter) = 1 bis 700) ein, die das durchschnittliche Ausgabeverhalten eines repräsentativen Haushaltes in Deutschland repräsentieren sollen. Dabei stellt p_t den Preis des Gutes i zu einem Zeitpunkt t dar, p_0 den Preis des Gutes i der Basisperiode und q_0 die gekaufte Menge des Gutes i in der Basisperiode, die als Bezugsmaßstab für die Bemessung der Inflationsrate gilt.
Zur Veranschaulichung dieser im ersten Augenschein recht komplizierten Formel sei vereinfachend unterstellt, dass ein repräsentativer Haushalt sein Budget von 1.000 € im Basisjahr, das er monatlich für Konsumausgaben verwendet, nur für zwei Waren- und Dienstleistungen benutzt:

- 5 € für Zahnpasta im Basisjahr, wobei der Ausgangspreis im Basisjahr t = 0 pro Tube 2 € betrug und im Betrachtungsjahr auf 2,20 € gestiegen ist (= 10 %); somit nahm die Anschaffung von Zahnpasta einen Anteil von 5 /1000, also 0,5 % am Gesamtbudget des Basisjahres ein.
- 995 € für Miete im Basisjahr, die im Betrachtungszeitpunkt auf 1.194 € (= 20 %) gestiegen ist. Der Anteil der Miete am Gesamtbudget des Basisjahres betrug somit 995/1.000, also 99,5 %.

Nun kann die Inflationsrate des Haushaltes nach Laspeyres berechnet werden:

$$I_t = \frac{2{,}20}{2} \cdot \frac{5}{1.000} + \frac{1.194}{995} \cdot \frac{995}{1.000} = 1{,}1 \cdot 0{,}005 + 1{,}2 \cdot 0{,}995 = 1{,}1995.$$

Die Inflationsrate kann mit 19,95 % festgestellt werden. Entscheidend ist dafür der starke Ausgabenanteil der Mietaufwendungen.

8.2.2 Berechnungsmethode der gefühlten Inflation nach Brachinger

Nach Auffassung von Hans Wolfgang Brachinger spiegelt der Preisindex nach Laspeyres nur dann die Inflationswahrnehmung der Bevölkerung wider, wenn diese vollständig und immer rational handelt. Dies trifft aber im realen Leben keineswegs oft zu. Der Einfluss der verzerrten Wahrnehmung auf das Urteilungsvermögen von Menschen bezog er deshalb in die Konstruktion seines Indices ein und griff dabei auf die Erkenntnisse der ***Prospect Theorie*** nach ***Kahnemann*** und ***Tyersky*** zurück.
Folgende Thesen dienen Brachinger als Grundlage für die Messung der wahrgenommenen Inflation:

- In Verbindung mit jedem Gut existiert ein Referenzpreis, welcher den aktuellen Preis als Gewinn oder Verlust deklariert. Wird zum Beispiel angenommen, dass eine Tafel Schokolade 79 Cent kostet, so erscheint ein tatsächlicher Preis von 99 Cent als relativ teuer. Ein aktuelles Preisniveau von 49 Cent würde in Bezug zum Referenzpreis von 79 Cent hingegen vom Verbraucher als günstig wahrgenommen.

Gerade nach der €-Einführung war feststellbar, dass sich Konsumenten auf einen Produktpreis bezogen, der schon seit Jahren nicht mehr aktuell war, sodass das jeweilige aktuelle Preisniveau als relativ hoch empfunden wurde.

- Eine weitere Annahme der Prospect Theorie ist, dass Verbraucher Gewinne und Verluste entsprechend einer subjektiven Wertefunktion bewerten: danach erfahren Verluste eine deutlich höhere Gewichtung als Gewinne.
- Die letzte Annahme basiert auf der Tatsache, dass der Konsument die Inflation höher einschätzt, umso häufiger er mit Preissteigerungen konfrontiert wird. Nach der €-Einführung sind insbesondere Produkte des täglichen Bedarfs (Nahrungsmittel, Benzin) teurer geworden, während Güter, die nicht täglich gekauft und zum Teil der Betrag vom Konto abgebucht wird (Computer, Mieten), günstiger geworden sind. Fasst man all die bisherigen Annahmen zusammen, so ergibt sich der Index für die wahrgenommene Inflation wie folgt:

$$IWI = \sum_{i:\,\text{Referenzpreis}(i) < p_t(i)} \left[c \cdot \frac{p_t(i)}{p_{\text{Referenzpreis}}(i)} - (c-1) \right] \cdot f_i^0 + \sum_{i:\,\text{Referenzpreis}(i) \geq p_t(i)} \frac{p_t(i)}{p_{\text{Referenzpreis}}(i)} \cdot f_i^0 .$$

wobei f_i^0 die relative Kaufhäufigkeit der einzelnen Produkte darstellt.

Für den Fall, dass der Referenzpreis (= veraltete Preis) eines Gutes geringer ist als der aktuelle, wird der erste Teil der Formel verwendet. Die Preissteigerung wird durch den Faktor c, den Verlustaversionsparameter, höher gewichtet als diese tatsächlich ist. Anschließend setzt man die Anzahl der Kaufakte ins Verhältnis aller getätigten Käufe (siehe f_i^0) und gewichtet somit die Preissteigerung entsprechend der Kundenwahrnehmung.

Sofern eine Preissenkung stattfindet, nimmt man den zweiten Teil der Formel. Hierbei wird die Preismesszahl wie gewohnt ermittelt, da der Kunde die Preissenkung realistisch wahrnimmt. Die Gewichtung erfolgt dennoch durch die relative Kaufhäufigkeit.

Legen wir das Beispiel zugrunde, was zur Berechnung der tatsächlichen Inflation diente und unterstellen wir, dass der Referenzpreis jeweils dem Basispreis entspricht. Somit ist der Referenzpreis für Zahnpasta 2 € und für die Mietwohnung 995 €. Von dem betrachteten Konsumenten wird die Preissteigerung 3 Mal so hoch empfunden. Die Anzahl der Kaufakte für den Erwerb der Zahnpasta im Verhältnis zu allen Kaufakten beträgt 2/3. Somit werden die Mietaufwendungen mit 1/3 gewichtet.

Nach Brachinger errechnet sich die wahrgenommene Inflation wie folgt:

$$IWI = \left[(3 \cdot \frac{2{,}20}{2} - 2) \cdot \frac{2}{3} \right] + \left[(3 \cdot \frac{1.194}{995} - 2) \cdot \frac{1}{3} \right] = 1{,}1 + 0{,}5\overline{3} = 1{,}6\overline{3}.$$

Unter den getroffenen Annahmen wird die nach der konventionellen Methode des Statistischen Bundesamtes berechnete Inflationsrate in Höhe von 19,95 % nach dem Index von Brachinger wahrgenommen in Form einer Inflationsrate von über 63 Prozent.

8.2.3 Fallstudie

Ein repräsentativer Haushalt verfügt über ein Budget in Höhe von 1.000 €, das er für Konsumzwecke verwendet. Vereinfachend wird unterstellt, dass er mit seinem Einkommen nur Tiefkühlpizzen (Preis pro Pizza 4 €) kauft bzw. seine Miete in Höhe von 996 € in der Basisperiode $t = t_0$ begleicht.

In der aktuellen Periode steigen der Preis für Pizzen auf 5 € und die Mietaufwendungen auf 1.195,20 € an. Dabei sieht der Konsument die Basispreise als Referenzpreise an. Die Kaufhäufigkeit von Pizzen steht im Verhältnis 99 zu 1 zu den monatlichen Mietzahlungen. Der Verlustaversionsparameter c wird mit 3 angesetzt.

a) Berechnen Sie die Inflationsrate nach der Methode des Statistischen Bundesamtes.
b) Bestimmen Sie mit Hilfe des Indexes von Brachinger die gefühlte Inflation.

Zu (a): Mit Hilfe des Preisindexes nach Laspeyres ergibt sich folgende Inflationsrate:

$$I_t = \frac{5}{4} \cdot \frac{4}{1.000} + \frac{1.195{,}20}{996} \cdot \frac{996}{1.000} = 1{,}25 \cdot 0{,}002 + 1{,}2 \cdot 0{,}996 =$$
$$0{,}0025 + 1{,}1952 = 1{,}1977.$$

Das Statistische Bundesamt stellt eine Inflationsrate von 19,77 Prozent fest.

Zu (b): Der Index der gefühlten Inflation errechnet sich:

$$IWI = \left[(3 \cdot \frac{5}{4} - 2) \cdot \frac{99}{100}\right] + \left[(3 \cdot \frac{1.195{,}20}{996} - 2) \cdot \frac{1}{100}\right] = 1{,}7325 + 0{,}036 = 1{,}7685.$$

Die gefühlte Inflation berechnet sich nach Brachinger in Höhe von 76,85 Prozent. Die große Diskrepanz ergibt sich u. a. durch die extreme Kaufhäufigkeit der Tiefkühlpizzen, die den Preisanstieg für dieses Produkt wesentlich stärker gewichtet als den niedrigeren Anstieg der Mietaufwendungen.

9 Alternative Notenbankstrategien

9.1 Die Europäische Zentralbank

9.1.1 Organisatorischer Aufbau

Seit dem 1.1. 1999 ist die nationale Kompetenz im Rahmen der deutschen Geldpolitik auf die Europäische Zentralbank (EZB) übergegangen. Seitdem werden die wichtigsten legislativen Beschlüsse durch die Organe dieser supranationalen Institution gefällt. Die Deutsche Bundesbank ist nunmehr integraler Bestandteil des Systems Europäischer Zentralbanken.
Die EZB verfügt mit dem Rat und dem Erweiterten Rat, der während des Zeitraums eingesetzt bleibt, in dem noch Mitgliedsstaaten der EU eine eigenständige Geldpolitik betreiben und damit nicht am €-Währungsgebiet teilnehmen, über zwei Beschlussorgane und mit dem Direktorium über ein ausführendes Gremium (*siehe Abb. 36*).

Der ***EZB-Rat*** stellt das oberste Beschlussorgan der EZB dar. Er setzt sich aus den Mitgliedern des Direktoriums (Amtszeit generell 8 Jahre, Wiederwahl nicht möglich) und den Präsidenten der nationalen Zentralbanken der €-Währungszone zusammen. Zu den Hauptaufgaben dieses Gremiums zählen:

- die Festlegung von Leitlinien und die Beschlussfassungen, welche im Zusammenhang mit der Erfüllung der dem Europäischen System der Zentralbanken (= ESZB) übertragenen Aufgaben notwendig sind und
- die Bestimmung der gemeinsamen Geldpolitik einschließlich der Beschlüsse bezüglich der monetären Zwischenziele, Leitzinssätze und der Versorgung des Eurosystems mit Zentralbankgeld.

Das ***Direktorium*** besteht aus dem Präsidenten und Vizepräsidenten – beide haben eine Amtszeit von mindestens fünf Jahren – und vier weiteren Mitgliedern. Auf Empfehlung des EU-Rates, der hierzu das Europäische Parlament und den EZB-Rat anhört, werden diese weiteren Direktoriumsmitglieder von den Staats- und Regierungschefs der Mitgliedsländer einvernehmlich ernannt.

Insgesamt lassen sich als primäre Funktionen dieses Zentralbankorgans folgende Aufgaben nennen:

- die Vorbereitung der Sitzungen des EZB-Rates;
- die Durchführung der gemeinsamen Geldpolitik gemäß der Leitlinien und
- Beschlüsse des EZB-Rates;
- die Erteilung der notwendigen Weisungen gegenüber den nationalen
- Zentralbanken sowie
- die Durchführung der laufenden Geschäfte der EZB.

Der ***erweiterte Rat*** setzt sich aus dem Präsidenten und Vizepräsidenten der EZB und den Präsidenten der 28 nationalen Zentralbanken der Europäischen Union (Stand 2015) zusammen. Diesem Gremium kommt primär eine konsultative Funktion zu. Darüber hinaus wirkt es an der Erhebung von Statistiken und an Vorarbeiten mit, die notwendig sind, um für die Währungen der Mitgliedsstaaten, für die eine Ausnahmeregelung gilt, die Wechselkurse gegenüber dem € unwiderruflich festzulegen.

Außerdem beschloss der EZB-Rat gemäß Artikel 9 der EZB-Geschäftsordnung die Einrichtung von Ausschüssen[25], die für die Ausführung der Aufgaben des ESZB und die Zusammenarbeit innerhalb des ESZB eine wichtige Rolle spielen. Die Ausschüsse bringen in dem jeweiligen Ressort Fachkompetenz ein und unterstützen somit den Entscheidungsfindungsprozess der EZB.

Mit dem Tag des Eintritts in die €-Währungszone änderte sich auch das Aufgabenspektrum der Deutschen Bundesbank. Da die Festlegung der gemeinsamen Geldpolitik ausschließlich im EZB-Rat erfolgt, wirkt nur noch der Bundesbankpräsident[26] als einziges Mitglied dieser Institution an allen grundsätzlichen geld- und währungspolitischen Entscheidungen im EZB-Rat mit. Die Umsetzung der Beschlüsse erfolgt weiterhin durch die nationalen Zentralbanken, sodass die Refinanzierung deutscher Kreditinstitute primär über die zuständigen Landeszentralbanken (LZB). Insgesamt nimmt die Bundesbank folgende Aufgaben wahr:

- die Durchführung der Refinanzierung der Kreditinstitute,
- den unbaren und baren Zahlungsverkehr,
- die Bargeldversorgung,
- die nationale Bankenaufsicht,
- die Verwaltung nationaler Währungsreserven und
- die Ausübung der Hausbankfunktion für den Bund und eingeschränkt für die Länder.

---

25 2009 existierten insgesamt 15 Ausschüsse: Ausschuss für Rechnungswesen und monetäre Einkünfte (AMICO), Banknotenausschuss (BANCO), Ausschuss für Bankenaufsicht (BSC), Ausschuss zur Kostenmethodik (COMCO), Ausschuss Öffentlichkeitsarbeit des Eurosystems / ESZB (ECCO), Ausschuss für Informationstechnologie (ITC), Ausschuss der internen Revision (IAC), Ausschuss für internationale Beziehungen (IRC), Rechtsausschuss (LEGCO), Ausschuss für Marktoperationen (MOC), Geldpolitischer Ausschuss (MPC), Ausschuss für Zahlungs- und Verrechnungssysteme (PSSC), Ausschuss für Statistik (STC), Haushaltsausschuss (BUCOM), Personalleiterkonferenz (HRC).

26 Diese Funktion wird derzeit von Jens Weidmann wahrgenommen (Stand 2015).

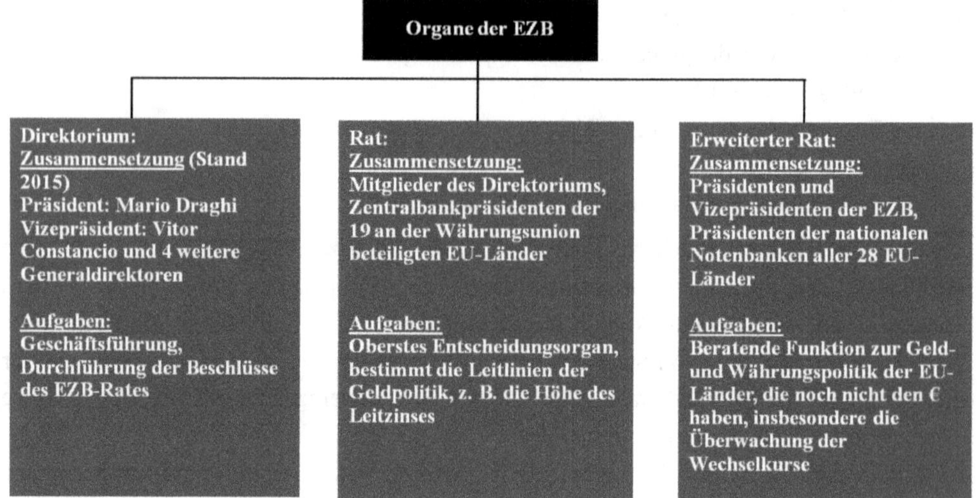

Abbildung 56: Institutioneller Aufbau der EZB

9.1.2 Instrumentarium

Der Instrumentenkatalog der EZB

Offenmarktgeschäfte

Schwerpunktmäßig erfolgt die Refinanzierung der Kreditinstitute durch die EZB über Offenmarktgeschäfte, deren Laufzeit seit 2004 im kurzfristigen Bereich 1 Woche (kurzfristige Basisrefinanzierung) und in langer Frist 42 bis 105 Tage (längerfristige Refinanzierung) beträgt. Darüber hinaus kann die europäische Notenbank ihre geldpolitischen Offenmarktgeschäfte auch in Form von Devisenswapgeschäften durchführen. Vor dem Hintergrund der **Staatsschuldenkrise** im Euroraum führt die EZB darüber hinaus langfristige Refinanzierungsgeschäfte mit den Geschäftsbanken durch, deren Laufzeit drei Jahre beträgt. Intention ist es hierbei, die Funktionsfähigkeit des Euro-Geldmarktes wiederherzustellen. Diese Mittel sollten primär von den Kreditinstituten für den Erwerb von Staatsanleihen verwendet werden.

Der Vorteil einer kurzfristigen Basisfinanzierung liegt hauptsächlich darin begründet, dass jede Woche die Konditionen für einen Großteil des Refinanzierungsvolumens der Geschäftsbanken gegenüber der EZB neu festgelegt werden können und somit die Notenbank jederzeit den Geldmarkt beeinflussen kann.

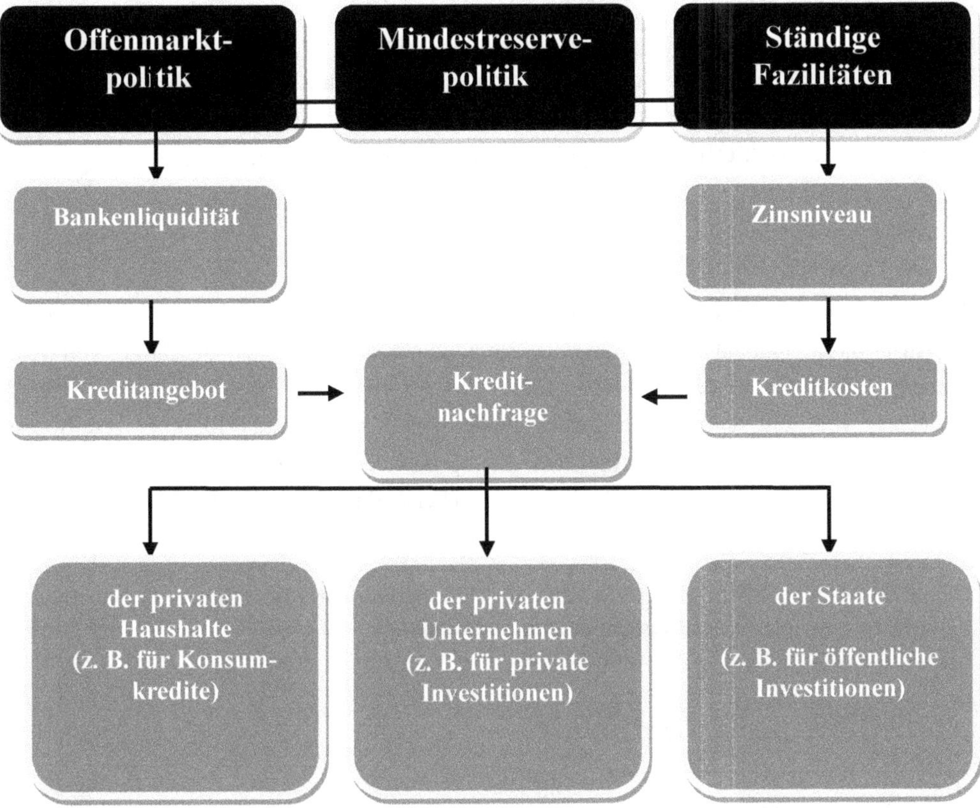

Abbildung 57: Liquiditäts- und Zinspolitik der EZB

Unter ***Offenmarktgeschäften*** wird allgemein der An- und Verkauf von Wertpapieren durch die jeweilige Notenbank (auf eigene Rechnung) mit dem Ziel verstanden, die im Umlauf befindliche Zentralbankgeldmenge B zu verändern. In der Regel kauft die EZB notenbankfähige[27] Wertpapiere von den Geschäftsbanken an und pumpt im Gegenzug für einen befristeten Zeitraum Liquidität in den Wirtschaftskreislauf. Den Schwerpunkt ihrer Offenmarktgeschäfte hat die EZB auf die ***Wertpapierpensionsgeschäfte*** verlagert. Hierbei handelt es sich um Offenmarktgeschäfte mit Kreditinstituten, bei denen zum Zeitpunkt des Vertragsabschlusses eine Rückkaufvereinbarung getroffen wird. Die Notenbank erwirbt von den Geschäftsbanken Wertpapiere unter der Bedingung, dass die Verkäufer die Wertpapiere gleichzeitig per Termin zurückkaufen.

Die Kreditinstitute erhalten auf diese Weise Zentralbankgeld für die Dauer des Pensionsgeschäftes.

---

[27] Im Artikel 18.1 der Satzung des Europäischen Systems der Zentralbanken sind die Bedingungen für die Notenbankfähigkeit geregelt: Als Hauptzulassungskriterium ist in diesem Zusammenhang die hohe Bonität des Schuldners (Emittenten) zu nennen.

Für die Inanspruchnahme des Notenbankkredites zahlen sie einen Zins[28], dessen Höhe Bestandteil des Kaufvertrages ist. Durch diese Vorgehensweise kann die Liquiditätsversorgung feinsteuernd vorgenommen werden und die Mittelbereitstellung in Abhängigkeit von der jeweiligen Lage auf den Geld- und Kapitalmärkten erfolgen.
Das Plazierungsverfahren (= ***Tenderverfahren***) erfolgt in drei Formen:

- als Mengentender,
- Zinstender oder als
- Devisenswapgeschäft.

Bei dem **Mengentenderverfahren** legt die EZB den Pensionssatz fest und die Kreditinstitute nennen in ihren Geboten die Beiträge, die sie aufzunehmen wünschen. Abhängig von dem Umfang, indem die Zentralbank eine Liquiditätsversorgung des Geschäftsbankensystems vornehmen will, teilt sie die Zentralbankguthaben voll – oder was die Regel ist – teilweise zu, d. h. sie repartiert über eine auf die Gebote der einzelnen Institute bezogene Zuteilungsquote. Im u. a. Schaubild ist vereinfachend ein solches Mengentenderverfahren dargestellt.

Die EZB beschließt dem Markt Liquidität im Umfang von 100 Mio. € über eine befristete Transaktion in Form eines Mengentenders zuzuführen.
3 Kreditinstitute geben folgende Gebote ab:

Kreditinstitut	**Gebot (in Mio. €)**
Bank 1	40
Bank 2	100
Bank 3	60
Insgesamt	**200**

Der Prozentsatz der Zuteilung (= Zuteilungsquote) errechnet sich wie folgt:

$$\frac{100}{(40 + 100 + 60)} = 50\%$$

Somit beträgt die Zuteilung (Repartierung):

Kreditinstitut	**Gebot (in Mio. €)**	**Zuteilung (in Mio. €)**
Bank 1	40	20
Bank 2	100	50
Bank 3	60	30
Insgesamt	**200**	**100**

28 Dieser Zins wird auch als **Leitzins** bezeichnet.

Im Gegensatz zum Mengentender wird beim ***Zinstender*** die Dringlichkeit des Liquiditätsbedürfnisses bei den einzelnen Instituten sichtbar. Hier gibt die EZB neben dem Termin, zu dem die Wertpapiere zurückgenommen werden müssen, einen Mindestzins vor, der in den Geboten der Geschäftsbanken auch überschritten werden kann. Damit steigt die Chance, die gewünschte Liquidität zu erhalten. Entsprechend dem Umfang der von ihr beabsichtigten Liquiditätsversorgung teilt die EZB in der Reihenfolge der Zinsofferten von der höchsten an zu. Das kann bedeuten, dass Gebote zum Mindestzins nur zum Teil oder gar nicht durch die EZB abgedeckt werden.

Nach dem ***niederländischen Zinstenderverfahren*** wird die letzte noch berücksichtigte Zinsofferte als allgemeine und einheitliche Grundlage für die Abrechnung aller Geschäfte benutzt. Dieser Satz muss also nicht der Mindestzins sein, sofern die von den Banken für entsprechend hohe Volumina genannten Zinssätze darüber lagen.

Aktuell erfolgt im Rahmen des Zinstenders die Liquiditätszuteilung nach dem jeweils individuell genannten Zinssatz (***amerikanisches Zinstenderverfahren***). Nach Auffassung der Notenbank hat dies den Vorteil, dass die Zuteilungssätze enger mit den aktuellen Geldmarktsätzen korrelieren und somit die jeweilige Situation des Geldmarktes besser reflektieren.

Am Beispiel eines denkbaren Offenmarktgeschäftes zwischen der EZB und den Geschäftsbanken soll die Wirkungsweise der einzelnen Zuteilungsverfahren dargestellt werden.

Beispiel:

Die EZB möchte den Kreditinstituten 100 Mrd. € über einen Zinstender zur Verfügung stellen. Der Mindestbietsatz beträgt 2,0 %. 6 Kreditinstitute melden folgende Gebote:

Kreditinstitut	Gebot
A	30 Mrd. € zu 3,0 %
B	15 Mrd. € zu 4,5 %
C	20 Mrd. € zu 4,0 %
D	35 Mrd. € zu 2,0 %
E	20 Mrd. € zu 3,0 %
F	80 Mrd. € zu 3,5 %
Gesamt	

Insgesamt sind somit Gebote im Umfang von 200 Mrd. € bei der EZB eingegangen. Jetzt legt die EZB von der höchsten Zinsofferte an eine Rangfolge fest, nach der die Kreditinstitute bedient werden sollen. Danach wird der Zinssatz ermittelt, zudem zum ersten Mal mehr Gebote als Zuteilungsvolumen vorliegt. In unserem Beispiel ist dies bei 3,5 % der Fall. Hier liegen bereits im Umfang von 115 Mrd. € Wünsche der Geschäftsbanken vor.

Sowohl bei dem niederländischen als auch amerikanischen Zinstenderverfahren ist der Zinssatz von 3,5 % der marginale Zuteilungssatz, zu dem nach dem niederländischen Verfahren auch einheitlich zugeteilt wird. Allerdings erhält das Kreditinstitut, das nur 3,5 % geboten hat, nur anteilige Mittel (die restlichen 65Mrd. €!). Im Rang 3 bestehen in unserem Beispiel Kreditwünsche im Umfang von 80 Mrd. €, während nur noch 65 Mrd. € nach Bedienung des ersten und zweiten Ranges zur Verfügung stehen.
Nach dem amerikanischen Verfahren wird im Gegensatz dazu nach der individuellen Zinsofferte bedient. Auch hier gehen Rang 4 und 5 leer aus. Rang 3 erhält wieder anteilig 65 Mrd. €.

Kredit-institut	Gebot	Rang	Zuteilung nach dem niederländischen Verfahren	Zuteilung nach dem amerikanischen Verfahren
A	30 Mrd. € zu 3,0 %	**4**	**nichts**	**nichts**
B	15 Mrd. € zu 4,5 %	**1**	**15 Mrd. € zu 3,5 %**	**15 Mrd. € zu 4,5 %**
C	20 Mrd. € zu 4,0 %	**2**	**20 Mrd. € zu 3,5 %**	**20 Mrd. € zu 4,0 %**
D	35 Mrd. € zu 2,0 %	**5**	**nichts**	**nichts**
E	20 Mrd. € zu 3,0 %	**4**	**nichts**	**nichts**
F	80 Mrd. € zu 3,5 %	**3**	**65 Mrd. € zu 3,5 %**	**65 Mrd. € zu 3,5 %**
Gesamt	**200 Mrd. €**		**100 Mrd. €**	**100 Mrd. €**

Einlagen- und Spitzenrefinanzierungsfazilitäten (Kreditfazilitäten)
Zur Festlegung einer Unter- und Obergrenze (Zinsband) für den Geldmarktsatz wurden zwei ständige Fazilitäten durch die EZB geschaffen. Für die Kreditinstitute besteht unter Verpfändung von Sicherheiten die Möglichkeit, sich für einen Tag bei einem vorgegebenen Soll-Zinssatz Liquidität zu beschaffen (***Refinanzierungsfazilität***) bzw. ihr Guthaben als Tagesgeld zu einem fixierten Haben-Zinssatz anzulegen (***Einlagenfazilität***). Diesen beiden Zinssätzen soll eine gewisse Signalfunktion zukommen, die der interessierten Öffentlichkeit Aufschluss über die Zinsstrategie der EZB geben wird.

Mindestreservepolitik

Die Anwendung der Mindestreservepolitik soll nach Auffassung des EZB-Rates zu einer Stabilisierung der Geldmarktsätze beitragen, die Nachfrage nach Zentralbankgeld von Seiten der Geschäftsbanken steigern und die Geldmengensteuerung erleichtern.

Die Mindestreserven müssen auf den Konten der nationalen Notenbanken gehalten werden, wobei sich die konkrete Mindestreserveverpflichtung der Kreditinstitute an ihren Einlagen und Schuldverschreibungen bis zwei Jahren Laufzeit sowie an den Bestand an Geldmarktpapieren bemisst. Allerdings werden diese Zwangsreserven im Gegensatz zu der Praxis der autonomen Bundesbank mit den Sätzen der üblichen Refinanzierungssätze verzinst und ein pauschaler Freibetrag für kleine Banken eingeführt.

Übungsaufgabe zum Instrumentarium der EZB

(1.1) Die EZB möchte den Kreditinstituten 80 Mrd. € über den Mengentender zur Verfügung stellen. 5 Kreditinstitute melden folgende Gebote:

Kreditinstitut	Gebote	Zuteilungsquote	Zuteilung
A	30 Mrd. €		
B	15 Mrd. €		
C	20 Mrd. €		
D	35 Mrd. €		
E	20 Mrd. €		
Gesamt			

Ermitteln Sie die Zuteilungsquote und die Zuteilung, die die einzelnen Geschäftsbanken nach dem Mengentender erhalten.

(1.2) Wie ändert sich die Zuteilung, wenn die EZB nur 70 Mrd. € zur Verfügung stellen möchte?

(2.1) Die EZB möchte den Kreditinstituten 80 Mrd. € über einen Zinstender zur Verfügung stellen. Der Mindestbietsatz beträgt 1,5 %. 5 Kreditinstitute melden folgende Gebote:

Kredit-institut	Gebot	Rang	Zuteilung nach dem niederländischen Verfahren	Zuteilung nach dem amerikanischen Verfahren
A	30 Mrd. € zu 3,0 %			
B	15 Mrd. € zu 4,5 %			
C	20 Mrd. € zu 4,0 %			
D	35 Mrd. € zu 2,0 %			
E	20 Mrd. € zu 3,0 %			
Gesamt				

Ermitteln Sie den marginalen Zinssatz und die Zuteilung, die die einzelnen Geschäftsbanken nach dem Zinstenderverfahren erhalten. Geben Sie hierbei auch den Zinssatz an, zu dem die jeweilige Bank die Zuteilung erhält.
(2.2) Wie ändert sich die Zuteilung nach den beiden Zinstenderverfahren, wenn die EZB nur 70 Mrd. € zur Verfügung stellen möchte?

Lösung zur Übungsaufgabe zum Instrumentarium der EZB

(1.3) Die EZB möchte den Kreditinstituten 80 Mrd. € über den Mengentender zur Verfügung stellen. 5 Kreditinstitute melden folgende Gebote:

Kredit-institut	Gebote	Zuteilungsquote	Zuteilung
A	30 Mrd. €	**2/3**	**2/3·30 = 20 Mrd. €**
B	15 Mrd. €	**2/3**	**2/3·15 = 10 Mrd. €**
C	20 Mrd. €	**2/3**	**2/3·20 = 13,33 Mrd. €**
D	35 Mrd. €	**2/3**	**2/3·35 = 23,33 Mrd. €**
E	20 Mrd. €	**2/3**	**2/3·20 = 13,33 Mrd. €**
Gesamt	**120 Mrd. €**		**79,99 Mrd. € (Rundungsfehler!!)**

Ermitteln Sie die Zuteilungsquote und die Zuteilung, die die einzelnen Geschäftsbanken nach dem Mengentender erhalten.

Die Zuteilungsquote beträgt allgemein 80 Mrd. € / 120 Mrd. € = 2/3.

(1.4) Wie ändert sich die Zuteilung, wenn die EZB nur 70 Mrd. € zur Verfügung stellen möchte?

Die Zuteilungsquote beträgt allgemein 70 Mrd. € / 120 Mrd. € = 0,583 (Achtung: Rundungsfehler)

Kredit-institut	Gebote	Zuteilungsquote	Zuteilung
A	30 Mrd. €	**0,583**	**0,583·30 = 17,49 Mrd. €**
B	15 Mrd. €	**0,583**	**0,583·15 = 8,75 Mrd. €**
C	20 Mrd. €	**0,583**	**0,583·20 = 11,66 Mrd. €**
D	35 Mrd. €	**0,583**	**0,583·35 = 20,41 Mrd. €**
E	20 Mrd. €	**0,583**	**0,583·20 = 11,66 Mrd. €**
Gesamt	**120 Mrd. €**		**69,97 Mrd. € (Rundungsfehler!!)**

(2.1) Die EZB möchte den Kreditinstituten 80 Mrd. € über einen Zinstender zur Verfügung stellen. Der Mindestbietsatz beträgt 1,5 %. 5 Kreditinstitute melden folgende Gebote:

Kredit-institut	Gebot	Rang	Zuteilung nach dem niederländischen Verfahren	Zuteilung nach dem amerikanischen Verfahren
A	30 Mrd. € zu 3,0 %	**3**	**0,9 · 30 Mrd. € = 27 Mrd. € zu 3 %**	**27 Mrd. € zu 3,0 %**
B	15 Mrd. € zu 4,5 %	**1**	**15 Mrd. € zu 3,0 %**	**15 Mrd. € zu 4,5 %**
C	20 Mrd. € zu 4,0 %	**2**	**20 Mrd. € zu 3,0 %**	**20 Mrd. € zu 4,0 %**
D	35 Mrd. € zu 2,0 %	**4**	**Leer**	**Leer**
E	20 Mrd. € zu 3,0 %	**3**	**18 Mrd. € zu 3,0 %**	**18 Mrd. € zu 3,0 %**
Gesamt			**80 Mrd. €**	**80 Mrd. €**

Ermitteln Sie den marginalen Zinssatz und die Zuteilung, die die einzelnen Geschäftsbanken nach dem Zinstenderverfahren erhalten. Geben Sie hierbei auch den Zinssatz an, zu dem die jeweilige Bank die Zuteilung erhält.

Der marginale Zuteilungssatz, zu dem zum ersten Mal mehr Gebote als Zuteilungsvolumen vorliegen, beträgt 3,0 %. Hier liegen bereits Gebote im Umfang von 95 Mrd. € vor. Da nach Bedienung des Ranges 2 in dem nächsten Zinsschritt (3,0 %) zusätzlich Gebote im Umfang von 50 Mrd. € vorliegen, jedoch nur noch 45 Mrd. € verteilt werden können, wird für den Rang 3 die Zuteilungsquote 45 Mrd. € / 50 Mrd. € = 0,9 ermittelt.

(2.2) Wie ändert sich die Zuteilung nach den beiden Zinstenderverfahren, wenn die EZB nur 70 Mrd. € zur Verfügung stellen möchte?

Der marginale Zuteilungssatz, zu dem zum ersten Mal mehr Gebote als Zuteilungsvolumen vorliegen, beträgt auch hier 3,0 %. Hier liegen bereits Gebote im Umfang von 95 Mrd. € vor. Da nach Bedienung des Ranges 2 in dem nächsten Zinsschritt (3,0 %) zusätzlich Gebote im Umfang von 50 Mrd. € vorliegen, jedoch nur noch 35 Mrd. € verteilt werden können, wird für den Rang 3 die Zuteilungsquote **35 Mrd. € / 50 Mrd. € = 0,7** ermittelt.

Kredit-institut	**Gebot**	**Rang**	**Zuteilung nach dem niederländischen Verfahren**	**Zuteilung nach dem amerikanischen Verfahren**
A	30 Mrd. € zu 3,0 %	**3**	**0,7 · 30 Mrd. € = 21 Mrd. € zu 3 %**	**21 Mrd. € zu 3,0 %**
B	15 Mrd. € zu 4,5 %	**1**	**15 Mrd. € zu 3,0 %**	**15 Mrd. € zu 4,5 %**
C	20 Mrd. € zu 4,0 %	**2**	**20 Mrd. € zu 3,0 %**	**20 Mrd. € zu 4,0 %**
D	35 Mrd. € zu 2,0 %	**4**	**Leer**	**Leer**
E	20 Mrd. € zu 3,0 %	**3**	**14 Mrd. € zu 3,0 %**	**14 Mrd. € zu 3,0 %**
Gesamt			**70 Mrd. €**	**70 Mrd. €**

9.1.3 Die Geldmengenstrategie der Europäischen Zentralbank

Im Gegensatz zur Bank of England, die ihr Hauptziel der Inflationssicherung[29] direkt ansteuert, setzt die Europäische Zentralbank ihre Strategie explizit (= ausdrücklich) über das Vorschalten von zwei Ebenen um, die in der Regel zwei Voraussetzungen erfüllen:

- Sie stehen vorgelagert in der Ursachen-Wirkungskette zur Preisniveaustabilität, d.h. z. B., dass eine Begrenzung der Geldbasis die Erreichbarkeit der Zwischenzielebene und damit einer niedrigen Inflationsrate ermöglicht;
- Auch unter dem zeitlichen Aspekt haben operative und Zwischenzielebene Vorlaufcharakter: Empirische Studien weisen zum Beispiel nach, dass eine Begrenzung der in Umlauf befindlichen Geldmenge nach einigen Monaten die Inflationsgefahr reduzieren kann.

In der u. a. Abbildung sind alternative operative bzw. Zwischenziele aufgelistet.

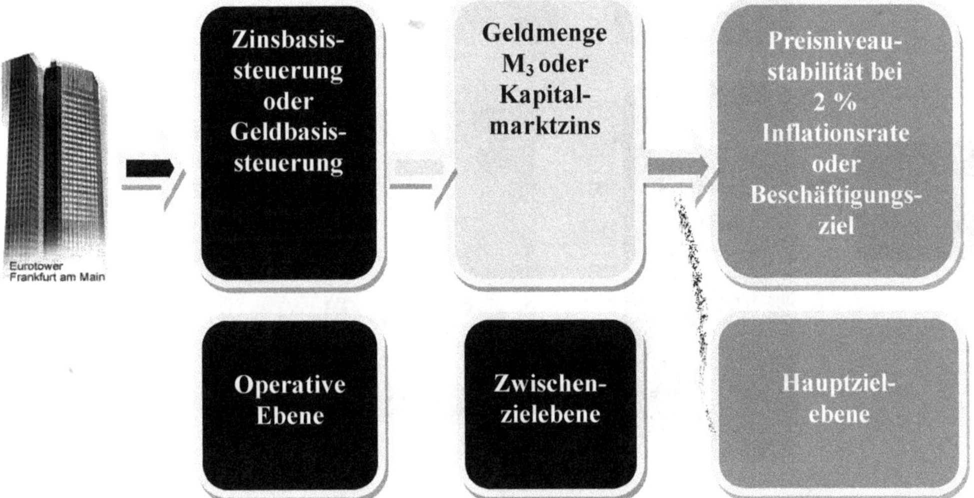

Abbildung 58: Ziel-Mittel Beziehungen einer Notenbank

9.1.4 Die potenzialorientierte Geldmengensteuerung der EZB

Die Strategie der EZB zur Realisierung der der Preisniveaustabilität basiert auf 2 Säulen.

(1) Zum einen spielt die Steuerung des Geldmengenwachstums auf Zwischenzielebene zur Bekämpfung der Inflation im Euroland eine entscheidende Rolle.

[29] Deshalb wird diese Politik auch als Inflation Targeting bezeichnet. Allerdings akzeptiert die Bank of England eine Inflationsrate von 2,5%.

Da jedoch geldpolitische Maßnahmen nur mit relativ großer zeitlicher Verzögerung auf das Preisniveau wirken, muss die Preisentwicklung vorausschauend beurteilt werden. Zu dieser ex-ante Analyse wird deshalb von der EZB über die Beobachtung der Geldmengenaggregate hinaus eine Vielzahl zusätzlicher Indikatoren verwendet. Hierzu zählt eine breite Palette kurzfristiger ***Konjunkturindikatoren***. Zu unterscheiden sind in diesem Zusammenhang exogene Faktoren, die eher einmalige Auswirkungen auf das Preisniveau haben (z. B. Veränderungen der Rohölpreise bzw. der Mehrwertsteuersätze), von Maßgrößen, die eine Einschätzung der Grunddynamik der Binnenwirtschaft ermöglichen (Einschätzung des Konsum- und Investitionsklimas, Arbeitslosenquote, Lohnstückkosten, Beschäftigungswachstum, Auslastung des Produktionspotenzials). Außerdem werden Informationen aus Finanzmarktindikatoren und Daten aus Umfragen zu Inflationserwartungen gewonnen.[30]

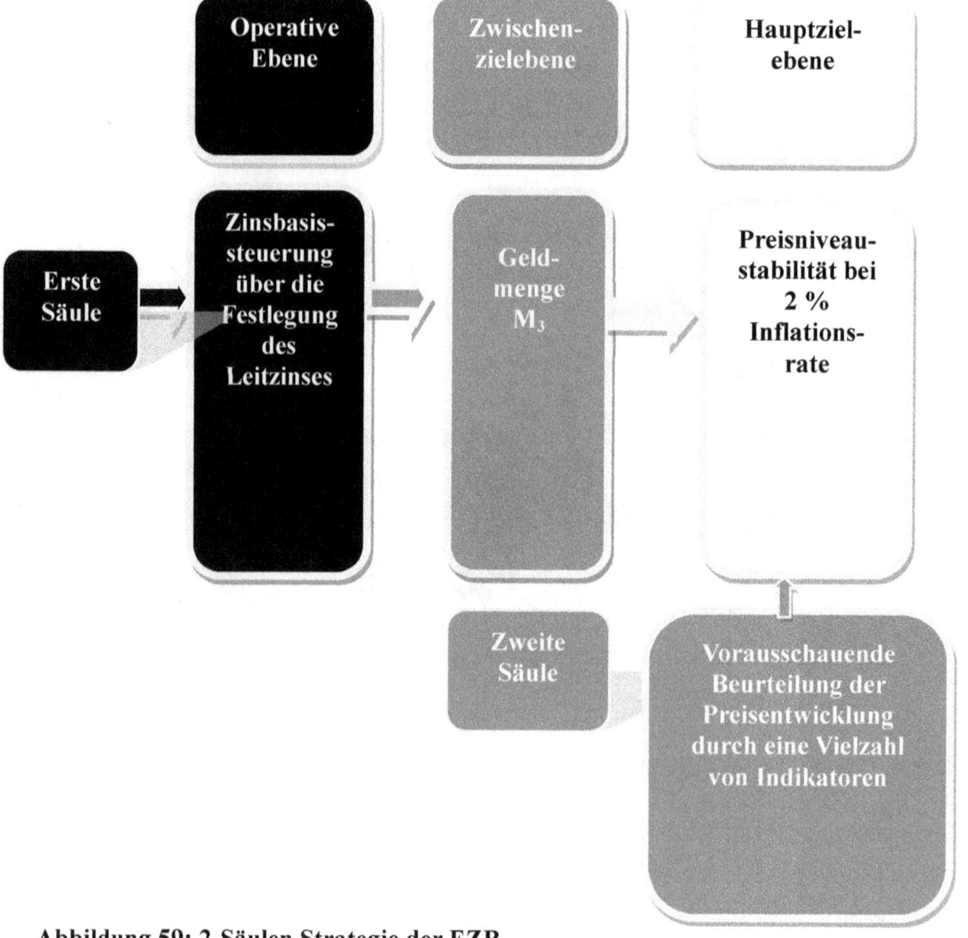

Abbildung 59: 2-Säulen Strategie der EZB

30 Vgl. im Detail EZB (Hrsg.): Die Rolle kurzfristiger Konjunkturindikatoren bei der Analyse der Preisentwicklung im Euro-Währungsgebiet, in: Monatsbericht der EZB, April 1999, S. 31ff.

Die Steuerung des Geldmengenwachstums zur Begrenzung der Inflationsrisiken wurde als erste Notenbank von der Deutschen Bundesbank vorgenommen. Aus der Einsicht heraus, dass eine Stabilisierung der Konjunktur mit Hilfe ihres Instrumentariums nur eingeschränkt möglich ist, vollzog sich 1974 ein Paradigmenwechsel in der geldpolitischen Strategie der Bundesbank. Sie beschränkt sich – analog der aktuellen Vorgehensweise der EZB – seitdem primär auf die Sicherung der Preisniveaustabilität. Dieses Hauptziel (siehe **Abb. 55**) versuch(t)en die EZB und früher die Bundesbank zu realisieren, indem sie ein Zwischenziel steuer(t)en, das

- schnell auf Änderungen ihrer geldpolitischen Aktionsparameter (Zins- und Liquiditätsimpulse) reagiert und
- in einem vorhersehbaren Zusammenhang zum Hauptziel, der Preisniveaustabilität steht.

Aufgrund von ökonometrischen Studien kommt für die EZB als Steuerungsgröße nur M_3 in Betracht. Hier besteht in der Regel[31] ein empirisch enger Zusammenhang zwischen der Geldmengen- und Preisentwicklung, wobei Veränderungen der Geldmenge gegenüber dem Ausgabenwachstum (gemessen an der Steigerung des nominellen Bruttoinlandprodukts) und erst recht gegenüber der Preisentwicklung einen gewissen zeitlichen Vorlauf haben.

Theoretische Basis dieser Geldmengensteuerung ist die ***neoklassische Quantitätstheorie des Geldes.*** Zentraler Ausgangspunkt dieser Theorie ist die nach dem US-amerikanischen Ökonomen ***Irving Fisher*** benannte ***Fishersche Verkehrsgleichung***:

(1) $M \bullet V = Y_r \cdot P$, wobei
M = Geldmenge (z. B. $M_{3,\text{ erweitert}}$),
V = Umlaufgeschwindigkeit (velocity) des Geldes
und $V = \frac{1}{k}$; k : Kassenhaltungsdauer;
Y_r: reales BIP und
P: Preisniveau sind.

Wird anstelle der Umlaufgeschwindigkeit V die Kassenhaltungsdauer k verwendet, ergibt sich durch Äquivalenzumformung und Auflösung nach M:

(2) $M = k \cdot Y_r \cdot P$.

[31] Dieser Zusammenhang besteht nicht bei einer inversen Zinsstruktur (siehe Kritik an der Geldmengensteuerung der Deutschen Bundesbank).

In Wachstumsraten ausgedrückt bzw. logarithmiert[32] erhalten wir z. B. für das Wachstum von M_3 (aber auch für jedes weitere Geldmengenaggregat):

(3) $\log M_3 = \log Y_r + \log k + \log P.$

Um monetäre Inflationsursachen zu vermeiden, legt deshalb die Europäische Zentralbank wie die Deutsche Bundesbank in den Jahren 1973 – 1998 im Vorfeld eines jeden Jahres anhand der Gleichung (3) einen Referenzwert für das Geldmengenziel fest. Dabei soll das Wachstum der Geldmenge M_3 in dem jeweiligen Jahr die Summe der Steigerungsraten der drei Teilgrößen auf der rechten Seite der Gleichung nicht übersteigen.
Die Preissteigerung (log P) stellt dabei eine normative Komponente bzw. das Inflationsziel der EZB[33] dar: Wäre das Wachstum der Geldmenge um diesen Betrag (Prozentsatz) geringer, so könnte dadurch das Wirtschaftswachstum durch eine zu restriktive Geldmengenpolitik abgebremst werden. So lässt man Unternehmen mit einer guten Auftragslage die Möglichkeit, neben der Ausweitung des Produktionsvolumens auch geringfügig die Preise anzuheben. Selbstverständlich hängt die Effizienz der Strategie von der Verlässlichkeit (= Validität) der Prognosewerte ab. Trotzdem unternimmt der Verfasser – ohne Rückgriff auf die Voraussagen namhafter Wirtschaftsforschungsinstitute – zur Illustration der Geldmengenstrategie der EZB den Versuch, einen Referenzwert für 2016 festzulegen.

	2016
Prognostiziertes Wachstum des realen BIP für 2016 ($\log Y_{r,2016}$) im Euroraum	+ 1,4 %
+ Inflationsziel für 2016 ($\log P_{2016}$)	+ 2 %
+ Zuschlag für den trendmäßigen Anstieg der Kassenhaltungsdauer ($\log k_{2016}$)[34]	+ 0,5 %
= Referenzwert für das gewünschte Wachstum von M_3 ($\log M_{3,2016}$)	**+ 3,9 %**

32 $\frac{dM}{M_0} = \log M.$

33 Die EZB orientiert sich an einem Inflationsziel von 2 % (*Anmerkung des Verfassers*). Zur Bestimmung der Inflationsrate wird im €-Raum das Konzept des Eurostat in Luxemburg herangezogen, das nach dem sog. mittelfristigen Anstieg des Harmonisierten Verbraucherpreisindex (HVPI) eine Berechnung der Inflation vornimmt.

34 Gerade vor dem Hintergrund der zunehmenden Technisierung des Zahlungsverkehrs überrascht auf den ersten Blick der trendmäßige Anstieg der Kassenhaltungsdauer (= Rückgang der Umlaufgeschwindigkeit). Folgende Gründe sprechen jedoch für diesen Tatbestand: zunehmende Schattenwirtschaft, bei der Barzahlung erforderlich ist; steigende Bankgebühren, die zu einer höheren Bargeldhaltung führen; die Verwendung des € als Parallelwährung in Mittel- und Osteuropa sowie das schneller als das Einkommen wachsende Geldvermögen.

Unter den getroffenen Annahmen wird die EZB im Rahmen ihrer potenzialorientierten Geldmengenstrategie eine Steigerung der Geldmenge M_3 von 3,9 % anstreben. Dabei stellt der Referenzwert eine Orientierung dar. Eine auf den Punkt genaue Realisierung wird nicht angestrebt.

9.1.5 Kritik an der Geldmengensteuerung der EZB

Sowohl zu Zeiten der autonomen Deutschen Bundesbank als auch unter der Ägide der EZB wird die Glaubwürdigkeit dieser Strategie durch die häufige Zielverfehlung beeinträchtigt: In weniger als der Hälfte der Fälle wurde der Referenzwert nach Ablauf des jeweiligen Jahres tatsächlich erreicht.

Die geringe Erreichung des Referenzwertes deutet darauf hin, dass die EZB zum Teil nur indirekt über die Zins- und Liquiditätspolitik das Geldmengenaggregat M_3 beeinflussen kann. Letztendlich bleibt es den privaten Wirtschaftsteilnehmern vorbehalten, welche Einlageform sie wählen und wie hoch der Bargeldbestand ist. Neben den Zinssätzen sind weitere Bestimmungsgrößen für die Anlageentscheidung außerhalb der Aktionsmöglichkeiten der Notenbank relevant. Zu ihnen zum Beispiel die Erwartungshaltung bezüglich der individuellen Zukunftsentwicklung und die Dringlichkeit des aktuellen Konsumbedürfnisses. Darüber hinaus kann die Ausschüttung eines hohen Notenbankgewinns zu asymmetrischen Aktionsmöglichkeiten im Rahmen der Geldmengensteuerung führen.[35] Bei einer ***inversen Zinsstruktur***, die dadurch gekennzeichnet ist, dass kurzfristige Anlagen (Bestandteil der Geldmenge M_3) höher rentieren als langfristige Anlageformen (außerhalb von M_3), wird der Zusammenhang zwischen der Geldmengen- und Preisniveauentwicklung durchbrochen. Frei werdende Anlagen mit einer langen Vertragsbindung werden dann in der Regel in kurzfristige Anlageformen umgeschichtet. Dadurch vollzieht sich zwar eine Expansion von M_3. Die Gefahr, dass diese Mittel auf dem Gütermärkten ausgabewirksam werden und damit die Preisniveaustabilität beeinträchtigen, besteht nicht. Auch in der Situation eines flachen Zinsbandes, d.h. die langfristigen Zinsen sind nur geringfügig höher als im kurzfristigen Bereich, dürfte aufgrund der Liquiditätspräferenz der Wirtschaftsteilnehmer der Zusammenhang zwischen dem Geldmengenwachstum M_3 und der Inflationsentwicklung durchbrochen sein. M_3 stellt ein sogenanntes Simple-Sum-Aggregat dar, das vollständige Substituierbarkeit (Austauschbarkeit) der Teilaggregate (Bargeld, Sicht-, Termin- und Spareinlagen) unterstellt. Allerdings stehen bei einer mittelfristigen Termineinlage aufgrund eines hohen Zinssatzes nicht die Zahlungsmittelfunktion sondern Wertaufbewahrungsaspekte im Vordergrund.

[35] In der Zeit der autonomen Bundesbank wurden oft zweistellige Milliardengewinne innerhalb eines Monats an den Bund überwiesen. Dies führte automatisch dazu, dass in diesem Monat (meist April) das Geldmengenziel überschritten wurde.

Wegen der Opportunitätskosten der Geldhaltung (= entgangene Zinsen) spielt bei Sichteinlagen und Bargeld die Zahlungsmittelfunktion eine dominante Rolle, sodass auch deren Ausgabeanteile höher sind als bei Termin- und Spareinlagen.
Eine Gewichtung der einzelnen Einlagearten mit ihren Ausgabebestandteilen nimmt deshalb das ***monetäre Divisia-Konzept*** vor. Je höher die Eigenverzinsung der Anlageform ist, desto niedriger ist auch der Anteil, der auf dem Gütermarkt in der Betrachtungsperiode nachfragewirksam ist. In einer inversen Zinsstruktur steigt die Geldmenge, die im Rahmen dieses Konzeptes als Steuerungsgröße Verwendung findet, wesentlich geringer M_3, sodass der Zusammenhang zwischen der Zunahme des Zwischenziels und der Preisniveausteigerung in dieser Situation wieder hergestellt ist. Bisher ist allerdings diese Konzeption in der praktischen Geldpolitik noch nicht eingesetzt worden.

9.1.6 Ankauf von Staatsanleihen durch die EZB: Eine kritische Analyse

Seit Beginn der Finanzmarktkrise 2009 betreibt die EZB keine strikte potenzialorientierte Geldpolitik. Ab März 2015 führt sie darüber hinaus im Umfang von etwa 60 Mrd. € Ankäufe von Staatsanleihen auf eigene Rechnung monatlich (!) auf dem Sekundärmarkt durch, was bis Herbst 2016 zu einer weiteren „Flutung" der Finanzmärkte mit mehr als 1 Billionen € an Liquidität führen wird. Diese Vorgehensweise wird auch als ***Quantitative Easing*** (=QE bzw. quantitative Lockerung) bezeichnet. Primäre Intention wird es sein, über den massiven Ankauf von Staatsanleihen insbesondere das Kapitalmarktzinsniveau und damit den Kreditzins speziell in den südeuropäischen Krisenländern zu drücken, um damit nachhaltige positive Impulse für deren Konjunktur zu liefern und Deflationsängste zu mindern. Gleichzeitig bewirkt die Zinssenkung im Euroland auch eine Abwertung des €, was förderlich für den Export außerhalb dieses Währungsraumes ist.
Als Rechtfertigung für das europäische Anleihekaufprogramm wird auch darauf verwiesen, dass die US-Amerikanische Notenbank diese Maßnahme bereits vorher betrieben hat. Der Bundesbankpräsident Jens Weidmann – selbst Mitglied des EZB-Rates – verweist jedoch darauf, dass das Zinsniveau in den USA zu Beginn des Anleihekaufprogramms deutlich höher war und sich die Unternehmen in dieser Volkswirtschaft sehr viel stärker über den Kapitalmarkt finanzieren. Damit wirken Wertpapierkäufe durch die FED viel direkter als in Europa, wo die Wirtschaft sich primär über Geschäftsbanken finanziert. Auch wird die Gefahr einer Deflation von ihm als gering eingestuft, da das Preisniveau durch einen zeitlich befristeten Ölpreisrückgang bestimmt wird. Damit wäre also das niedrige Preisniveau nur ein vorüber gehendes Phänomen.
Viele Ökonomen sehen dieses Ankaufprogramm sehr kritisch. In diesem Zusammenhang wird insbesondere die Vermutung geäußert, dass diese Maßnahme die Vermögenspreise in bestimmten Märkten in die Höhe treiben und zu einer Blasenbildung führen könnte, die letztendlich auch Auslöser der letzten Finanzmarktkrise war.

Zwar ist es schwierig den Einfluss des Quantitative Easing zu isolieren, aber auf vielen Immobilienmärkten ist ein starker Anstieg der Preise feststellbar, der sicherlich langfristig zu Mieterhöhungen führen wird. Aufgrund wenig lukrativer Anlagealternativen ist auch ein starker Preisanstieg auf dem Kunstmarkt zu konstatieren. Ein Großteil der positiven Wertentwicklung der DAX-Unternehmen ist ebenfalls auf die quantitative Lockerung zurück zu führen und nicht auf die verbesserte Ertragsentwicklung der involvierten (= beteiligten) Firmen.

Auf der anderen Seite müssen zunehmend Lebensversicherungen ihre Garantieverzinsung für ihre Verträge senken, was dazu führt, dass die Versicherungsnehmer nicht mehr in der Lage sind, ihre Deckungslücke bei der gesetzlichen Sozialversicherung durch private Vorsorge zu schließen. Insgesamt werden insbesondere Kleinanleger um ihre Ersparnisse gebracht, da die Verzinsung deutlich unter der Inflationsrate liegt. Die €-Staaten profizieren jedoch von dem geringen Kapitalmarktzinsniveau, was jedoch auf Dauer signalisieren könnte, dass sich eine Sanierung des Staatshaushaltes nicht nachhaltig lohnt.

9.2 Kompatibilität der operativen Zielebene mit dem Zwischenziel einer Notenbank

Wie bereits erwähnt, steuert die Europäische Zentralbank ihr Hauptziel einer Inflationsrate von 2 % pro Jahr nicht direkt an, sondern schaltet zwei Ebenen vor, die sie nachhaltiger beeinflussen kann und die in der Regel Vorlaufcharakter besitzen, d.h. z. B. dass eine Veränderung der Geldmenge M_3(außerhalb einer inversen Zinsstruktur) sich zeitversetzt auf die Inflationsrate einer Volkswirtschaft auswirkt. Begrenze ich also als Notenbank das Wachstum dieser Geldmenge, werden die monetären Voraussetzungen für Preisniveaustabilität realisiert.

Genauso besteht eine Ziel-Mittel Beziehung zwischen der operativen und der Zwischenzielebene. Definiert wird die operative Ebene durch Ziele, die ausschließlich durch den geldpolitischen Entscheidungsträger beeinflussbar sind. Alternativ stehen hierfür die ***monetäre Basis*** **B** (= Zentralbankgeldmenge) oder der Leitzins r_r, der entscheidend den Geldmarktzins beeinflusst, zur Verfügung. In dem folgenden Doppeldiagramm wird die Anwendung alternativer operativer Ziele einer Notenbank dargestellt.

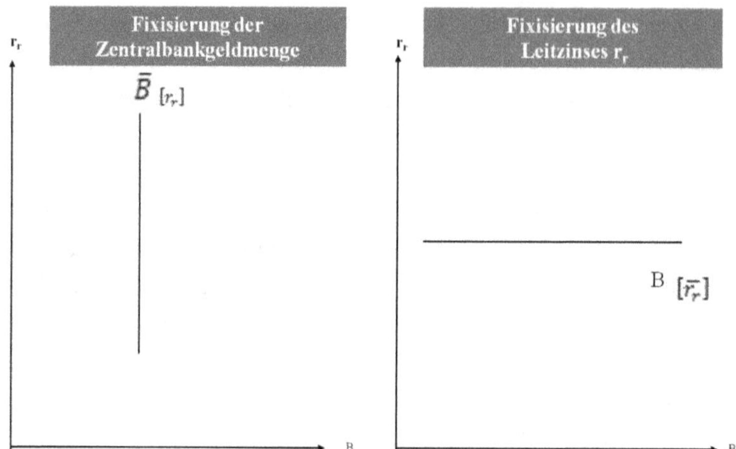

Abbildung 60: Anwendung alternativer Ziele

Im linken Teil des Diagrammes wurde von Seiten der Notenbank die Zentralbankgeldmenge B fixiert, das heißt, die Geschäftsbanken können zwar die Dringlichkeit ihres Liquiditätsbedürfnisses durch ein hohes Zinsgebot r_r signalisieren (z.B. im Rahmen des Zinstenderverfahrens). Das Gesamtvolumen an B, das ersteigert werden kann, ist jedoch von der Zentralbank vorher unveränderlich festgelegt worden.

Im Gegensatz dazu könnte eine Notenbank – wie im rechten Teil der Abbildung zu sehen – den Leitzins r_r vorgeben, aber das Volumen an Liquidität, das sie den Geschäftsbanken zur Verfügung stellt, ist variabel.

Primäres Beurteilungskriterium, welches operative Ziel geeignet ist, sollte die Vereinbarkeit (=Kompatibilität) mit der Zwischenzielebene bei einem unvorhersehbaren Ereignis (exogener Schock) sein.

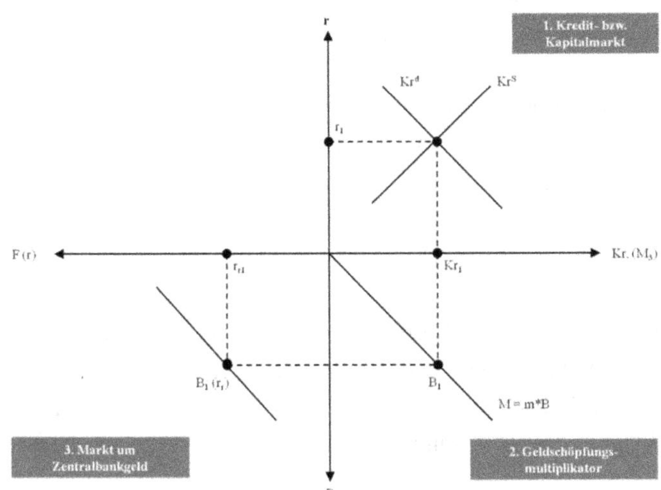

Abbildung 61: Kompatibilität: operative und Zwischenzielebene

9.2.1 Vereinbarkeit der Zinsbasissteuerung mit dem Geldmengenziel bei einem positiven Kreditangebotsschock

Bei einer ***Bad Bank*** handelt es sich um eine Zweckgesellschaft, in die notleidende Kredite sanierungsbedürftiger Geschäftsbanken sowie Derivate[36] und Zertifikate von in Liquiditätsschwierigkeiten geratenen Emittenten überführt werden.

Für dieses Portfolio übernimmt entweder der Staat, ein Einlagensicherungsfonds oder eine Bankengruppe die Haftung.

Im Rahmen der Finanzmarktkrise ist der Anteil uneinbringlicher Kreditforderungen massiv angestiegen. Darüber hinaus war über intransparente Publizitätspflichten der Geschäftsbanken für Dritte nicht ersichtlich, wie stark das jeweilige Institut in den Strudel der Finanzmarktkrise gezogen wurde, sodass der Interbankenmarkt verstopft war, d.h. keine Bank mehr der anderen getraut hat und somit die Kreditvergabe untereinander fast vollständig einbracht bzw. mit hohen Risiko- und damit Zinsaufschlägen verbunden war.

---

[36] ***Derivate*** sind Finanzinstrumente, deren Preis oder Wert von den Kursen oder Preisen anderer Handelsgüter (zum Beispiel Rohstoffe oder landwirtschaftliche Güter), Vermögensgegenstände (Wertpapiere wie zum Beispiel Aktien oder Anleihen) oder von marktbezogenen Referenzgrößen (Zinssätze, Indices) abhängt (to derive from: ableiten von, herleiten). Ebenso kann der Wert von der Wahrscheinlichkeit des Eintretens eines Ereignisses wie zum Beispiel eines Staatsbankrott oder der Insolvenz eines Unternehmens abhängen. Es handelt sich hierbei um Verträge, in denen die Vertragsparteien vereinbaren, einen oder mehrere Vertragsgegenstände zu festgelegten Bedingungen in der Zukunft zu kaufen, zu verkaufen oder zu tauschen, beziehungs-weise alternativ Wertausgleichszahlungen zu leisten.(wikipedia Definition)

Es drohte die Insolvenz einiger Banken sowie eine Vertrauenskrise gegenüber dem Bankensystem und somit eine Liquiditäts- und Kreditklemme für die privaten Investoren und Konsumenten.

Da jeder Kreditvergabe mit einem Ausfallrisiko des Schuldners verbunden ist, ist jedes Kreditinstitut verpflichtet im Rahmen des Grundsatzes I von Basel II-Abkommen, hinreichend Eigenkapital in Relation zur kreditierten Summe zu hinterlegen. Dabei hängt der konkrete Prozentsatz des Eigenkapitals im Vergleich zur Kreditsumme von den spezifischen Risiken des Kredites (z. B. der Besicherung des Darlehens bzw. der subjektiven Bonität des Darlehensnehmers) ab.

Steigt nun, wie das im Rahmen der Finanzmarktkrise massiv der Fall war, die Kreditausfälle, ist das haftenden Eigenkapital schnell aufgezehrt und den Mindestkapitalanforderungen einer Bank kann somit nicht mehr Rechnung getragen werden. Es droht die Insolvenz. Die Gründung einer Bad Bank schlägt in diesem Zusammenhang zwei Fliegen mit einer Klappe:

(1) Die Bad Bank kauft das Gesamtportfolio notleidender Kredite auf und schafft damit eine neue Vertrauensbasis für die Bank. Im Gegenzug erhält die Good Bank einen Kaufpreis für die notleidenden Wertpapiere, der dem Nominalwert abzüglich der erwartenden Verluste entspricht bzw. mündelsichere Staatsanleihen im entsprechenden Gegenwert. Damit hat die Geschäftsbank sowohl frische Liquidität als auch nun freies Kapital, das vorher für die Hinterlegung der Kreditvergaberisiken erforderlich war.

(2) Die Bereinigung der Bilanz erleichtert darüber hinaus auch die Aufnahme neuen Eigen- und Fremdkapitals, da sich das Rating der Bank durch die Gründung einer Bad Bank deutlich verbessern wird.

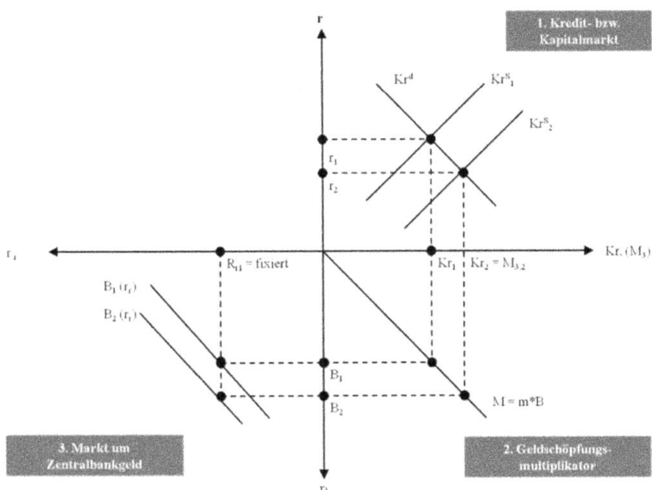

Abbildung 62: Gründung einer Bad Bank, Zinsbasissteuerung (r_r ist fixiert)

Die Gründung einer Bad Bank, d. h. die Ausgliederung von schlechten Forderungen aus der Bankbilanz, ist also positiver Kreditangebotsschock zu klassifizieren. Damit sinkt das Ausfallrisiko bei der Kreditvergabe – speziell auf dem Interbankenmarkt – und führt somit zu einer Reduzierung der Bereitstellungskosten für die Kreditvergabe (Rechtsverschiebung von K^S;①). Die Geschäftsbanken weiten ihre Kreditvergabe aus. Unter Wettbewerbsdruck wird dies zu einer Reduzierung des Kreditzinses auf r_2 führen, was die Kreditnachfrage stimuliert. Um das zusätzliche Kreditangebot bereitstellen zu können, wird die Nachfrage nach Zentralbankgeld (Geldbasis) durch die Geschäftsbanken auf B_2 ausgedehnt. Da nur der Leitzins im Rahmen der Zinsbasissteuerung auf $r_{r,1}$ fixiert und die Geldbasis variabel ist, können die zusätzlichen Nachfragewünsche auch abgedeckt werden.

Wird die Kompatibilität der ***Zinsbasissteuerung*** mit dem vorher anvisierten Geldmengenziel für M_3 als Beurteilungsmaßstab angelegt, so dürfte die Zinsbasissteuerung auf der operativen Ebene nicht angewandt werden, da durch den positiven Angebotsschock das Kreditvolumen und damit die Geldmenge M_3 ansteigen.

Im Rahmen der ***Finanzmarktkrise*** 2009 war aber genau das von den geldpolitischen Entscheidungsträgern intendiert, da der Interbankmarkt durch die fehlenden Beurteilungsmöglichkeiten hinsichtlich der Bonität einzelner Geschäftsbanken faktisch zusammengebrochen war. Zu diesem Zeitpunkt existierten keine Inflationsängste[37], sodass die Zinsbasissteuerung vor dem Hintergrund der Belebung der Kapitalmärkte durchaus ein probates Mittel sein kann.

[37] Ganz im Gegenteil: zu diesem Zeitpunkt bestand eher die Gefahr der Deflation, die durch die Ausweitung der Kreditvergabe hätte reduziert werden können.

9.2.2 Vereinbarkeit der Geldbasissteuerung mit dem Geldmengenziel bei einem positiven Kreditangebotsschock

Im Rahmen der ***Geldbasissteuerung*** ist auf der operativen Ebene die monetäre Basis vorgegeben.

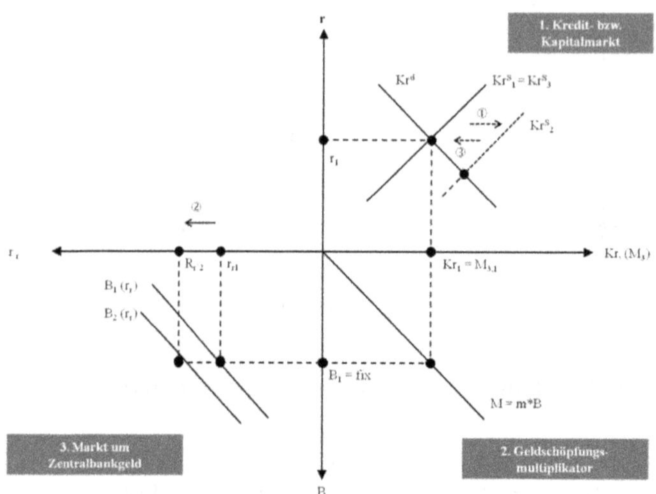

Abbildung 63: Gründung einer Bad Bank und Geldbasissteuerung

Durch die Gründung einer Bad Bank erhöht sich das Interesse der Geschäftsbanken, die Kreditvergabe auszuweiten. Deshalb fragen die Kreditinstitute mehr Zentralbankgeld nach. Da jedoch die monetäre Basis vorgegeben ist, führt die gestiegene Nachfrage nach Zentralbankgeld ausschließlich zu einem Anstieg des Leitzinses. Der positive Effekt aus der Gründung einer Bad Bank wird somit durch die Verteuerung der Refinanzierungsmittel einer Geschäftsbank kompensiert.

Wird die Einhaltung des Zwischenziels für die Geldmenge M_3 als Beurteilungsmaß für die operative Ebene gewählt, so wäre die Geldbasisstrategie in diesem Zusammenhang das geeignete Instrument, da es automatisch über den Anstieg des Leitzinses zu einer Stabilisierung der Geldmengenentwicklung auf Zwischenzielebene kommt.
Da jedoch durch die restriktive Kreditvergabepraxis der Geschäftsbanken im Rahmen der Finanzmarktkrise die in Umlauf befindliche Liquidität rückläufig war, könnte mit der Zinsbasissteuerung gegen diesen Trend gesteuert werden.

9.2.3 Vereinbarkeit der Zinsbasissteuerung mit dem Geldmengenziel bei einem negativen Kreditnachfrageschock

Ende 2008 kam es aufgrund der Finanzmarktkrise zu einem dramatischen Konjunktureinbruch im €-Raum, der in diesem Ausmaß von keiner Seite vorhersehbar war. So revidierte z. B. die Bundesregierung ihre Wachstumsprognose innerhalb von nur 6 Monaten von 0 % auf – 6 % BIP-Rückgang.

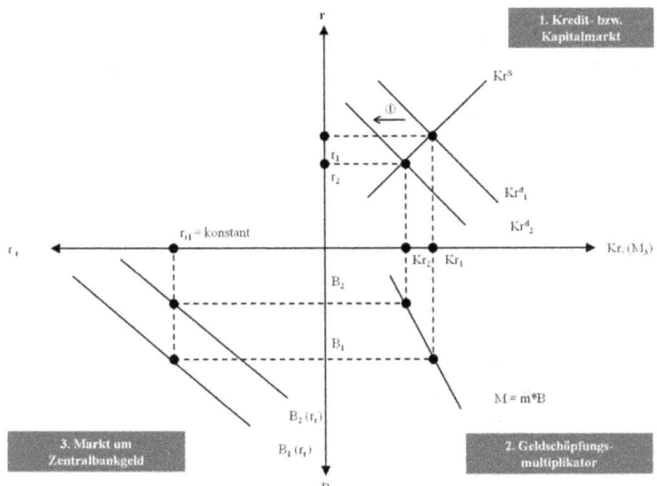

Abbildung 64: Zinsbasissteuerung und negativer Kreditnachfrageschock

Zu analysieren ist an dieser Stelle, wie die EZB auf diesen negativen Nachfrageschock im Rahmen ihrer Geldmengenstrategie reagieren kann. Zuerst wird auf operativer Ebene die Vereinbarkeit der Zinsbasisstrategie geprüft.

Ein konjunktureller Einbruch verringert auch die Kreditnachfrage (Linksverschiebung von K^d_1;①). Zum einen führen z. B. unsichere Zukunftsperspektiven hinsichtlich der Beschäftigungsentwicklung zu einer zögerlichen Kreditierung eigener Konsumwünsche. Auch im Investitionsbereich, in dem in dieser Situation Überkapazitäten vorliegen, werden kaum Fremdkapitalwünsche artikuliert. Über die Senkung der Kreditnachfrage und der Reduzierung des Kapitalmarktzinses r wird auch das Kreditangebot auf Kr_2 zurückgefahren. Damit verringert sich auch der Bedarf an Zentralbankgeld auf $B_2(r_r)$. Da im Rahmen der Zinsbasisstrategie der Leitzins fixiert ist ($r_{r,1}$ = konstant), verschlechtert sich über die vorher schon erwähnte Senkung des Kreditzinses die Ertrags-Aufwandsposition der Geschäftsbanken. Es handelt sich somit mit Kr_2 um ein stabiles Gleichgewicht, das auch durch das reduzierte Kreditangebot und eine verringerte Geldmenge M_3 gekennzeichnet ist.

Fazit:
Bei einem negativen Nachfrageschock auf dem Gütermarkt wird bei Anwendung der Zinsbasissteuerung das vorher gewünschte Geldmengenziel für M_3 unterschritten.

9.2.4 Vereinbarkeit der Geldbasissteuerung mit dem Geldmengenziel bei einem negativen Kreditnachfrageschock

Im Gegensatz zur Zinsbasissteuerung führt eine Fixierung der Geldbasis (B_1 = fix) hier zu einer Stabilisierung der im Umlauf befindlichen Geldmenge. Zwar reduziert sich auch die Kreditnachfrage der privaten Konsumenten und Investoren (①) und damit auch die Nachfrage nach Zentralbankgeld (②). Allerdings verbilligen sich bei der Geldbasissteuerung die Refinanzierungskosten der Kreditinstitute von $r_{r,1}$ auf $r_{r,2}$, sodass über eine Ausweitung des Kreditangebots (③) sich die Geldmenge M_3 stabilisiert.

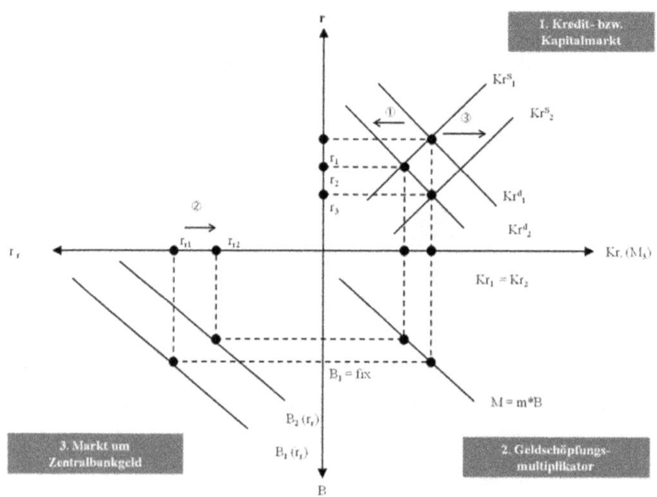

Abbildung 65: Kompatibilität Geldbasissteuerung mit Geldmengenziel bei negativem Kreditnachfrageschock

9.2.5 Vereinbarkeit der Zinsbasissteuerung mit dem Geldmengenziel bei einem positiven Kreditnachfrageschock

2010 kam es kurz nach der Finanzmarktkrise speziell in Deutschland zu einem unvorhersehbaren wirtschaftlichen Aufschwung. So wurden von allen Wirtschaftsforschungsinstituten und der Bundesregierung die Wachstumsprognosen permanent nach oben revidiert.

In unserem Modell führt diese nicht prognostizierte positive Konjunkturentwicklung zu einer Rechtsverschiebung der Kreditnachfragefunktion (①) und damit zu einer stärkeren Nachfrage nach Zentralbankgeld ($B_2(r_r)$) durch die Geschäftsbanken (②). Im Rahmen der Zinsbasis-steuerung, in der der Refinanzierungszinssatz (= Leitzins r_r) konstant gehalten wird, kann diese zusätzliche Nachfrage zum identischen Leitzins r_r auch abgedeckt werden. Es kommt deshalb nach der Konjunkturbelebung zu einer verbesserten Ertrags-Aufwand Position der Geschäftsbanken und damit zur Ausweitung des Kreditangebots. Da dies unter sonst gleichen Bedingungen die Geldmenge M_3 über das von der EZB gewünschte Maß erhöht, wird das gewünschte Geldmengenwachstum überschritten.

Fazit: Bei diesem positiven Schock sind Zinsbasis- und Geldmengensteuerung nicht kompatibel.

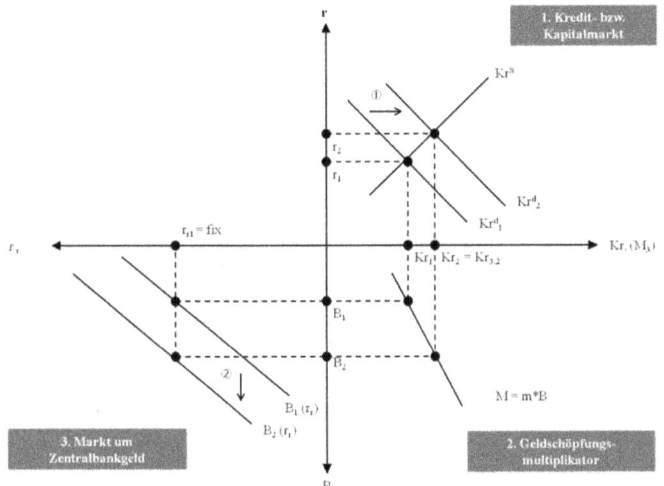

Abbildung 66: Zinsbasissteuerung und positiver Kreditnachfrageschock

9.2.6 Vereinbarkeit der Geldbasissteuerung mit dem Geldmengenziel bei einem positiven Kreditnachfrageschock

Auch hier führt der positive Nachfrageschock zu einer Belebung der Kreditnachfrage (①), die ebenfalls zu einer stärkeren Nachfrage nach Zentralbankgeld beiträgt (②). Da aber im Gegensatz zur Zinsbasissteuerung die monetäre Basis fixiert ist, führt dies auf dem Markt um Zentralbankgeld ausschließlich zum Anstieg des Leitzinses r_r (③).

Diese Erhöhung verteuert c. p. die Kreditvergabe der Geschäftsbanken (④), sodass sich durch diesen positiven Nach-frageschock im Rahmen der Geldbasissteuerung sowohl die

Ertrags-Aufwand Relation als auch das Kreditvolumen der Geschäftsbanken nicht ändern. Die Geldbasissteuerung hat somit eine stabilisierende Wirkung auf die Geldmenge M_3.
Fazit: Bei einem positiven Nachfrageschock eignen sich Geldbasis- und Geldmengensteuerung zur Realisierung des vorgegebenen Geldmengenwachstums.

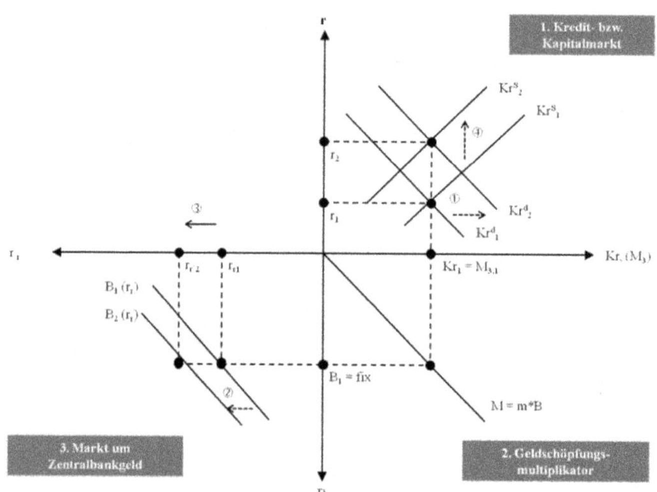

Abbildung 67: Geldbasissteuerung und positiver Kreditnachfrageschock

9.3 Kompatibilität des Zwischenziels mit dem Hauptziel einer Notenbank

9.3.1 Vereinbarkeit des Geldmengenziels mit dem Inflationsziel bei einem unvorhersehbaren Konjunktureinbruch (= negativer Nachfrageschock auf dem Gütermarkt)

Die Geldmengensteuerung auf Zwischenzielebene

Die Neuorientierung der Deutschen Bundesbank seit 1973 als auch die aktuelle Strategie der EZB lassen sich dadurch erklären, dass nach herrschender Meinung die Geldmenge die entscheidende Determinante für das Preisniveau eines Währungsraumes ist. Die EZB hat deshalb als Zwischenziel die Geldmenge M_3 für die €-Zone gewählt. Inwieweit diese Strategie sinnvoll ist, hängt davon ab, ob diese Vorgehensweise bei exogenen Schocks stabilisierend auf das BIP und insbesondere auf die Inflationsrate als Hauptziel der EZB wirkt.

In der Ausgangssituation wird deshalb analysiert, wie ein unvorhersehbarer Konjunktureinbruch (= negativer Güternachfrageschock) bei Anwendung der Geldmengensteuerung Y und P, beziehungsweise deren Wachstumsraten, beeinflusst.

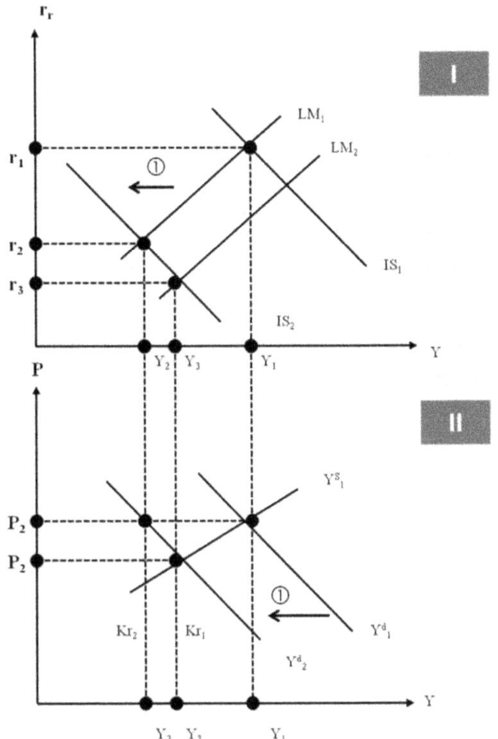

Abbildung 68: negativer Güternachfrageschock und Geldmengensteuerung

Ein konjunktureller Einbruch verschiebt sowohl die IS-Funktion als auch die Y^d-Funktion nach innen (①). Dadurch, dass in einer Rezession der Kapitalbedarf durch rückläufige Investitions- und Konsumneigung sinkt, reduziert sich auch das Zinsniveau auf r_2. Mittelfristig wird auch das gesamtwirtschaftliche Produktionsvolumen auf Y_2 zurückgefahren. Durch die sinkende gesamtwirtschaftliche Güternachfrage werden auch die Inflationsgefahren gedämpft (P_2). Dies induziert (= verursacht) bei gleichbleibendem nominellen Geldangebot eine Erhöhung der realen Geldmenge $\left[\frac{\bar{M}}{P_1} < \frac{\bar{M}}{P_2}\right]$ und führt somit zu einer Rechtsverschiebung der LM-Funktion. Im Rahmen der Geldmengenfixierung auf der Zwischenzielebene darf zwar das nominelle Geldangebot nicht verändert werden, die Senkung des Preisniveaus führt aber zu einer Steigerung der realen Geldmenge, was zu einer Stabilisierung des Outputs auf Y_3 und zur Senkung des Kapitalmarktzinsniveaus (r_3) führt und damit ein Teil der negativen Folgen aus einer Rezession kompensiert.

Fazit:

In einer Rezession führt die Geldmengensteuerung zu einer Stabilisierung des BIP. Zwar lässt sich eine Reduzierung des Preisniveaus aller Voraussicht nach nicht vollständig verhindern. Aber auch vor diesem Hintergrund ist der Effekt nicht so gravierend wie bei der Verwendung der Kapitalmarktzinssteuerung.

Die Kapitalmarktzinssteuerung auf Zwischenzielebene

Im Rahmen einer Kapitalmarktzinssteuerung ist eine Notenbank bestrebt, das Kapitalmarktzinsniveau r auch bei einem exogenen Schock konstant zu halten. Auch hier führt eine Rezession zu einer Verschiebung der IS- und Y^d-Funktion nach innen. Eine Senkung des Kapitalmarktzinsniveaus auf r_2 und des Preisniveaus auf P_2 sind die Folgen. Ebenfalls erhöht sich durch die Senkung der Inflationsrate das reale Geldangebot, was zu einer Rechtsverschiebung der LM-Funktion führt. Bis zu diesem Punkt sind die Wirkungen einer Rezession identisch mit denen der Geldmengensteuerung.

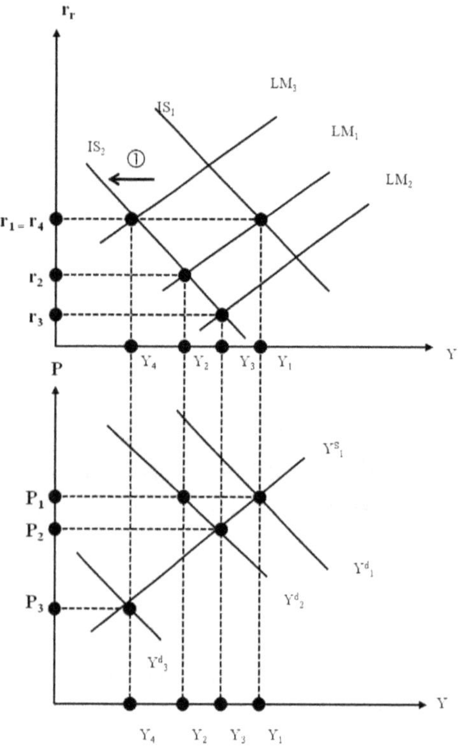

Abbildung 69: negativer Güternachfrageschock und Kapitalmarktzinssteuerung

Da jedoch die Notenbank bestrebt ist, auch bei einem exogenen Schock das Kapitalmarktzinsniveau auf dem Ausgangsniveau ($r_1 = r_4$) zu halten, muss sie in dieser Situation eine stark restriktive Geldpolitik fahren und die in Umlauf befindliche nominelle Geldmenge verknappen, was zu einer Verschärfung der gesamtwirtschaftlichen Probleme aus einer Rezession führt. In unserer Grafik kann dies durch eine Linksverschiebung der IS- und Y^d-Funktion verdeutlicht werden.

Fazit: Auf Kosten eines stabilen Kapitalmarktzinses sind sowohl Output- als auch Preisniveau wesentlich deutlicher gesunken als bei Anwendung der Geldmengensteuerung. Die Umsetzung einer restriktiven Geldpolitik in dieser Situation verschärft sogar die primären negativen Folgen aus einer gesamtwirtschaftlichen Nachfrageschwäche.

9.3.2 Vereinbarkeit des Geldmengenziels mit dem Inflationsziel bei einem unvorhersehbaren Rückgang der Umlaufgeschwindigkeit des Geldes

Die Geldmengensteuerung auf Zwischenzielebene

Die Ausgangssituation lässt sich durch den Punkt A beschreiben. Eine Senkung der Umlaufgeschwindigkeit ist gleich bedeutend mit einem Anstieg der Kassenhaltung (= Geldnachfrage). Modellieren lässt sich dies durch eine Linksverschiebung der LM-Funktion (①). Der Anstieg der Geldnachfrage bedingt einen Anstieg des Kapitalmarktzinsniveaus (②), der im unteren Diagramm einen Rückgang der Güternachfrage bedingt (③). Mittel- bis langfristig hat dies eine Senkung der Inflationsrate zur Folge (④), was zu einer (geringfügigen) Erhöhung des realen Geldangebotes führt (⑤). Bei Fixierung der (nominalen) Geldmenge als Zwischenziel ergibt sich ein Endgleichgewicht, das gegenüber der Ausgangssituation durch ein höheres Zinsniveau r_3 und ein niedrigeres BIP(-Wachstum) Y_3 gekennzeichnet ist.

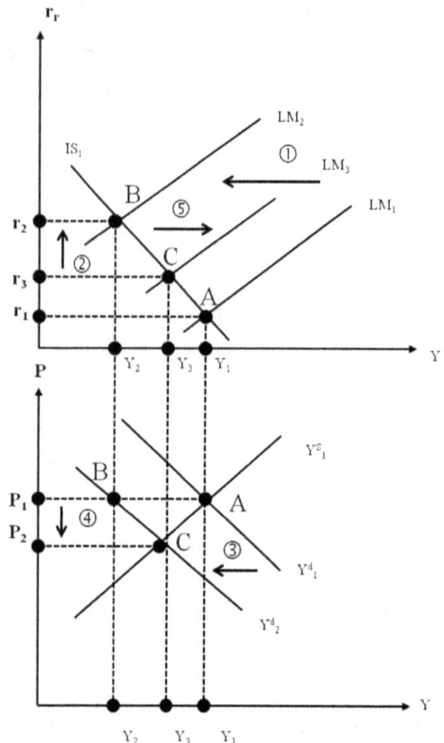

Abbildung 70: Rückgang der Umlaufgeschwindigkeit und Geldmengensteuerung

Welche Auswirkungen sich bei einer Steuerung des Kapitalmarktzinsniveaus r ergeben, werden im nächsten Kapitel dargestellt.

Die Kapitalmarktzinssteuerung auf Zwischenzielebene

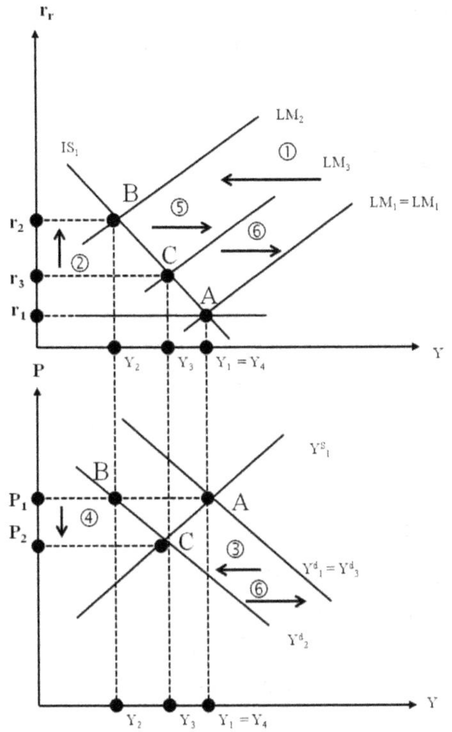

Abbildung 71: Rückgang der Umlaufgeschwindigkeit und Kapitalmarktzinssteuerung

Eine Steuerung des Kapitalmarktzinsniveaus hätte im Gegensatz zur Geldmengensteuerung bei einem Rückgang der Umlaufgeschwindigkeit eine stabilisierende Wirkung auf das Outputniveau Y und die Inflationsrate P. Beide Größen würden sich in dieser Situation nicht verändern.

Bis zum Punkt C ergeben sich die identischen Wirkungen wie bei der Geldmengensteuerung. Da jedoch das Zinsniveau r konstant gehalten werden muss, erhöht die Notenbank die Geldmenge (⑥), um das Kapitalmarktzinsniveau von r_3 auf das Ausgangsniveau r_1 drücken zu können. Dies belebt wiederum die Güternachfrage (siehe unteres Diagramm;⑥), was zur Stabilisierung des BIP auf das Ausgangsniveau beiträgt.

Fallstudie

Nehmen wir an, dass es zu einer unvorhersehbaren Verteuerung der Rohölimporte im €-Währungsraum kommt und die EZB die Sicherstellung ihres Inflationsziels gewährleisten will.

Begründen Sie grafisch und verbal, welches Zwischenziel (Geldmengensteuerung M_3 versus Steuerung des Kapitalmarktzinses r) besser geeignet ist, in dieser Situation das Preisniveau zu stabilisieren.

Lösung:

Eine Verteuerung der Rohölimporte kann durch eine Verschiebung der Angebotsfunktion auf Y^s_2 (①) dargestellt werden, da sich die Produktion mit diesem Inputfaktor verteuern wird. Durch den Kostendruck erhöht sich mittelfristig auch das allgemeine Preisniveau im €-Währungsraum auf P_2 (②), sodass das reale Geldangebot sinkt, was durch eine Linksverschiebung der LM-Funktion dokumentiert werden kann (③). Gleichzeitig steigen die Kapitalmarktzinsen (③), was zu einem Verdrängungseffekt privater Investitionsneigung (= Zins-Crowding-Out) führt und das BIP auf Y_2 schrumpfen lässt.

Bis zu diesem Ursachen- und Wirkungszusammenhang ist es unerheblich, ob die EZB eine Geldmengen- oder Kapitalmarktzinssteuerung betreibt. Allerdings stellt diese Situation im Punkt B das neue stabile Gleichgewicht bei der Anwendung der Geldmengensteuerung dar. Es ist gekennzeichnet durch ein im Vergleich zur Ausgangssituation A gestiegenes Kapitalmarktzins- und Preisniveau sowie ein rückläufiges BIP.

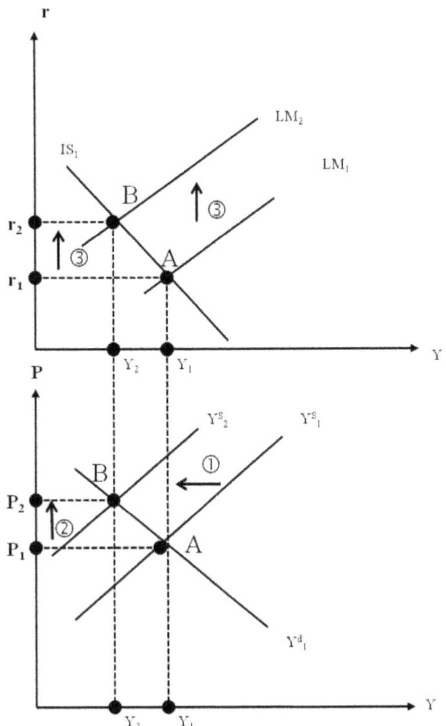

Abbildung 72: Nicht antizipierbare Verteuerung der Rohölimporte (negativer Güterangebotsschock) / Geldmengensteuerung als Zwischenziel

Würden wir jetzt eine Kapitalmarktzinssteuerung betreiben, müsste die EZB durch eine Ausweitung der (nominellen) Geldmenge den Zinsanstieg verhindern (④; Rechtsverschiebung der LM-Kurve auf LM_3), was stabilisierende Effekte sowohl auf das Zinsniveau als auch auf das BIP hätte, allerdings mittelfristig das Preisniveau im €-Währungsraum noch weiter in die Höhe treiben würde (siehe P_4).

Deshalb wäre bei einem negativen Angebotsschock zur Stabilisierung des Preisniveaus eine Geldmengensteuerung eher geeignet.

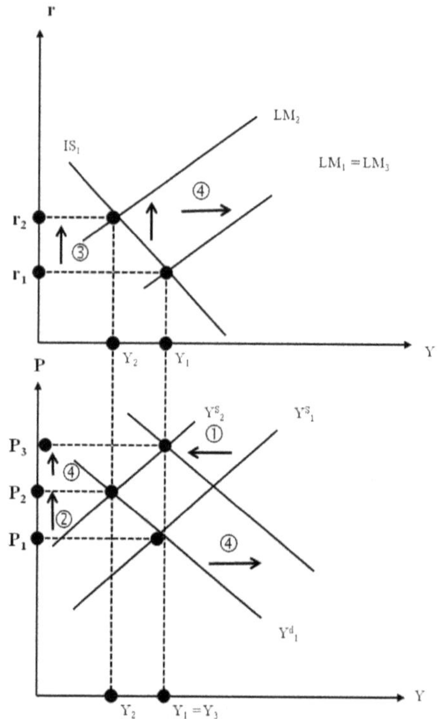

Abbildung 73: Nicht antizipierbare Verteuerung der Rohölimporte (negativer Güterangebotsschock) / Kapitalmarktzinssteuerung als Zwischenziel

9.4 Taylorregel

9.4.1 Allgemeine Darstellung

Die nach dem Standford-Ökonomen ***John Taylor*** benannte und 1993 von ihm entwickelte Regel berechnet einen nicht die Konjunktur beeinflussenden (= konjunkturneutralen) Nominalzins (= ***Taylor-Zins***), der mit inflationsfreiem Wirtschaftswachstum[38] vereinbar ist. Dieser Taylor-Zins kann gleichzeitig als Richtschnur (= Benchmark) für den Leitzins einer Notenbank dienen: Ist der ermittelte Taylor-Zins r^{Taylor} höher (geringer) als der aktuelle Leitzins r_r, deutet dies auf eine Zinserhöhung (Zinssenkung) durch die Notenbank hin.

38 Bzw. mit dem jeweiligen Inflationsziel (*Anmerkung des Verfassers*).

Die Taylor-Formel lautet:

$$r^{Taylor} = \pi^{realisiert\ Vorjahr} + r^{*} + \alpha \cdot [\pi^{prognostiziert} - \pi^{Ziel}] + \beta \cdot [Y^{prognostiziert} - Y^{potenzial}]$$

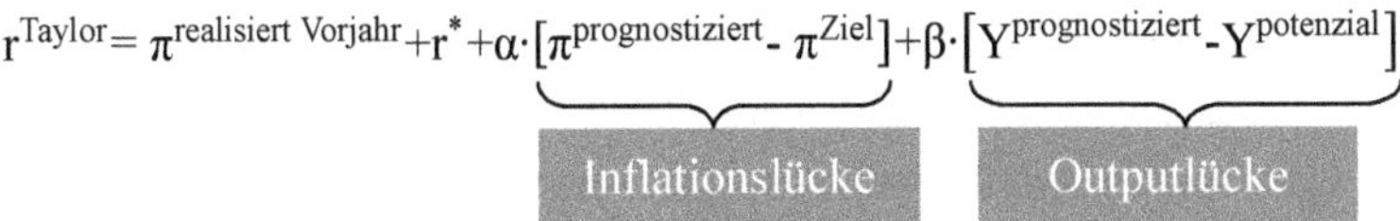

Forderung an die Notenbank ist somit, in Abhängigkeit von der jeweiligen konjunkturellen Situation (siehe Outputlücke) und inflationären Entwicklung (siehe Inflationslücke) den Leitzins festzulegen. Im Rahmen der Taylor-Formel werden die Gefahren aus einer ***Inflations- und Outputlücke*** in der Regel mit α und β gleichgewichtet[39]. Hierbei liegt die Vorstellung zugrunde, dass sowohl ein übermäßiger Preisdruck als auch eine Überauslastung der Fertigungskapazitäten durch einen höheren kurzfristigen Zinssatz entgegengewirkt werden sollte und umgekehrt. Um die praktische Anwendbarkeit der Formel für die Geldpolitik zu illustrieren, erachtet es der Verfasser als sinnvoll, den Taylor-Zins für April 2009 unter folgenden Annahmen (= Prämissen) für die €-Währungszone zu berechnen:

$$\pi^{realisiert,2008} : 2{,}6\,\%, r^{*} : 2\,\%; \alpha \text{ und } \beta \text{ jeweils } 0{,}5; \pi^{prognostiziert,2009} : +\,0{,}5\,\%;$$

$$\pi^{Ziel} : 2\,\%; Y^{prognostiziert,2009} : -\,3{,}5\,\%; Y^{potenzial} : 2{,}5\,\%.$$

Setzen wir die Werte unter den o. a. Annahmen in die Taylor-Formel ein, so ergibt sich für den Taylor-Zins:

$$r^{Taylor} = 2{,}6\,\% + 2\,\% + 0{,}5 \cdot [0{,}5\,\% - 2\,\%] + 0{,}5 \cdot [-\,3{,}5\,\% - 2{,}5\,\%] = 0{,}85\,\%.$$

Da der berechnete Taylor-Zins unter dem aktuellen Leitzins von 1,25 % lag, deutete dies im April 2009 auf eine (weitere) Zinssenkung der Europäischen Zentralbank hin.

9.4.2 Kritik an der Taylor-Regel

Gegen eine Anwendung der Taylor-Regel als alleinige geldpolitische Handlungsmaxime sprechen einige rechnerische und konzeptionelle Probleme, die im Folgenden aufgelistet sind:

- Die Anwendung der Taylor-Regel verlangt zumindest eine grobe Abschätzung des Produktionspotenzials ($Y^{potenzial}$). Das ***Produktionspotenzial*** beschreibt jene maximale Produktion, die ohne den Aufbau eines zusätzlichen Inflationsdrucks produziert werden kann und stellt somit die Angebotsmöglichkeiten einer Volkswirtschaft dar[40].

---

39 Also sind α und β jeweils 0,5 (bzw. 50 %).

40 Die Steigerung des Produktionspotenzials wird als Potenzialrate bezeichnet.

Die gesamtwirtschaftlichen Produktionsmöglichkeiten sind sowohl von der quantitativen als auch qualitativen Ausstattung der Produktionsfaktoren (Arbeit, Kapital, natürliche Ressourcen) als auch von der Produktivitätsentwicklung abhängig. Da das Produktionspotenzial keine empirisch feststellbare Größe ist, muss es mit Hilfe von statistischen oder strukturellen Methoden geschätzt werden. Solche Schätzungen basieren meist auf der Trendextrapolation von Daten. Schwierigkeiten ergeben sich insbesondere aus den Annahmen, die Auswirkungen von technologischen Entwicklungen und strukturellen Reformen abzuschätzen, sodass die Bestimmung des Produktionspotenzials einem hohen Ungewissheitsspielraum unterliegt. Schätzung des Produktionspotenzials des €-Raumes divergieren je nach Berechnungsmethode stark, die meisten Schätzungen bewegen sich bei der Berechnung der Potenzialrate zwischen 2 und 3 %. Unterschiede in der Festlegung auf einen bestimmten Wert schlagen sich jedoch auch auf das Niveau des Taylor-Zinses nieder.

- Problematisch ist ebenfalls die Bestimmung des gleichgewichtigen, realen Geldmarktzinses r*. Er wird in der Regel als langjähriger Durchschnitt aus der Differenz zwischen tatsächlichem nominalen Zins und der jeweiligen Inflationsrate bestimmt und hängt somit in entscheidendem Maß von dem zur Durchschnittsbildung herangezogenen Zeitraum ab. Ebenfalls ist die Annahme einer langjährigen Konstanz von r* problematisch, da zu den Determinanten (= Bestimmungsgrößen) z. B. die erwartete Ertragslage auf Sachanlagen, die generelle Sparneigung sowie die allgemeine Einschätzung der Unsicherheit in der Volkswirtschaft und die Glaubwürdigkeit der geldpolitischen Entscheidungsträger (= Notenbank) eine Rolle spielen. Der Taylor-Zins lässt solche Faktoren unberücksichtigt.
- Insgesamt spricht deshalb gegen die (ausschließliche) Anwendung der Taylor-Regel, dass sie zu wenig einem vorausschauenden Verhalten (= antizipativem Verhalten) der Wirtschaftsteilnehmer Rechnung trägt. Eine geldpolitische Entscheidung auf der Basis dieser Regel würde deshalb systematisch zu spät erfolgen.
- Zum Teil liefert die Anwendung der Taylor-Regel auch falsche Signale an die Geldpolitik. Speziell bei einmaligen Ereignissen, wie zum Beispiel einer Erhöhung der MwSt., signalisiert die Anwendung der Taylor-Regel automatisch geldpolitischen Handlungsbedarf, während selbst im Kreis der Deutschen Bundesbank Konsens darüber besteht, solche Erstrundeneffekte hinzunehmen. Anstelle der gemessenen Inflationsrate müsste deshalb eine Kerninflation zugrunde gelegt werden, die solche transitorischen (= vorübergehenden) Impulse herausrechnet.
- Selbstverständlich unterliegt auch die Gewichtung der Gefahren aus einer Inflations- und Outputlücke durch α und β einer subjektiven Komponente, die das Niveau des Taylor-Zinses beeinflusst.

9.4.3 Fallstudie zum Taylor-Zins

Text:

In den ersten Monaten des Jahres 2009 hat die EZB in mehreren Schritten den Leitzins auf 1,25 % (Stand April 2009) gesenkt. Analysten gehen davon aus, dass in näherer Zukunft weitere Zinsschritte folgen werden.

Der an der Stanford Universität lehrende Ökonom John Taylor entwickelte eine Regel, um die Leitzinsentwicklung zu prognostizieren.

(a) Definieren Sie den Begriff Leitzins.

(b) Begründen Sie anhand der Taylorregel, ob die EZB die Leitzinsen senken oder erhöhen wird.

(c) Im Gegensatz zur Europäischen Zentralbank formuliert die Bank of England für ihren Währungsraum ein Inflationsziel von 2,5 %. Wie wird Ihre Begründung beeinflusst, wenn die EZB ihr Inflationsziel ebenfalls auf 2,5 % erhöhen würde?

(d) Wie würde Ihre Begründung beeinflusst, wenn es zu einem Null-Wachstum 2009 im €-Raum kommen würde.

Lösung:

Ad (a): Unter dem Leitzins der Europäischen Zentralbank wird der Zins verstanden, den Geschäftsbanken im Rahmen der Hauptrefinanzierungsgeschäfte gegenüber der Notenbank entrichten müssen. Diese Hauptrefinanzierungsgeschäfte mit einer Laufzeit von 1 Woche werden als Wertpapierpensionsgeschäfte bezeichnet, weil der Notenbankkredit nur durch zeitlich kongruente Überlassung von Wertpapieren durch die Geschäftsbanken nachgefragt werden kann.

Der Leitzins betrug im April 2009 1,25 % p. a. .

Ad (b): Im April 2009 können folgende Werte unterstellt werden:

$\pi^{\text{realisiert,2008}}$: 2,6 %, r^* : 2 %; α und β jeweils 0,5; $\pi^{\text{prognostiziert,2009}}$: + 0,5 %;

π^{Ziel} : 2 %; $Y^{\text{prognostiziert,2009}}$: - 3,5 %; $Y^{\text{potenzial}}$: 2,5 %.

Setzen wir die Bestimmungsgrößen in die Taylor-Formel ein, so ergibt sich für den Taylor-Zins im April 2009:

$$r^{\text{Taylor}} = 2{,}6\,\% + 2\,\% + 0{,}5 \cdot [0{,}5\,\% - 2\,\%] + 0{,}5 \cdot [-3{,}5\,\% - 2{,}5\,\%] = 0{,}85\,\%$$

Da der berechnete Taylor-Zins unter dem aktuellen Leitzins von 1,25 % lag, deutete dies im April 2009 auf eine (weitere) Zinssenkung der Europäischen Zentralbank hin.

Ad (c): Passt die EZB ihr Inflationsziel dem der Bank of England auf 2,5 % an, erhöht sich unter sonst gleichen Bedingungen der Betrag der Inflationslücke und damit der Spielraum für deutlichere Zinssenkungen.

$$r^{\text{Taylor}} = 2{,}6\,\% + 2\,\% + 0{,}5 \cdot [0{,}5\,\% - 2{,}5\,\%] + 0{,}5 \cdot [-3{,}5\,\% - 2{,}5\,\%] = 0{,}475\,\%$$

Ad (d): Die Annahme eines Null-Wachstums würde den Betrag der Outputlücke c. p. verringern:

$$r^{Taylor} = 2{,}6\,\% + 2\,\% + 0{,}5 \cdot [0{,}5\,\% - 2\,\%] + 0{,}5 \cdot [0\,\% - 2{,}5\,\%] = 2{,}6\,\%$$

In diesem Fall wäre der Taylor-Zins mit 2,6 % deutlich höher als der aktuelle Leitzins, was somit für eine Erhöhung des kurzfristigen Refinanzierungszinses sprechen würde.

9.5 Orientierung am nominellen BIP

9.5.1 Allgemeine Darstellung

2011 wird innerhalb der amerikanischen Notenbank eine intensive Strategiediskussion geführt.[41] Statt, wie bisher eine bestimmte Zielinflationsrate anzustreben, wird darüber diskutiert, die Wachstumsrate des nominellen BIP als Zwischen- bzw. Endziel im Rahmen der geldpolitischen Strategie zu benutzen. Zwei Gründe sprechen dafür:

- Zum einen ist die Orientierung an diese Regel für die Wirtschaftsteilnehmer leicht verständlich und wird eher akzeptiert als Verwendung eines abstrakten Geldmengenaggregates;
- Sollten unvorhersehbar Schwankungen in der Umlaufgeschwindigkeit V auftreten, so bewirkt dies automatisch eine Veränderung der Geldmenge M. Wird die Quantitätsgleichung logarithmiert (d. h. in Wachstumsraten ausgedrückt), wird deutlich, dass zum Beispiel eine Erhöhung der Kassenhaltungsdauer (= Rückgang der Umlaufgeschwindigkeit) automatisch zu einer Erhöhung der Geldmenge M führen muss, da die linke Seite der Gleichung im Rahmen der Strategie fixiert ist:

  $$\log \overline{Y + P} = \log M \uparrow + \log V \downarrow$$

Eine Schwankung der Umlaufgeschwindigkeit wird also durch eine gegenläufige Veränderung der Geldmenge neutralisiert. Schauen wir uns nun an, wie im Rahmen der nominellen BIP-Strategie auf einen Güternachfrageschock reagiert wird. Zur Visualisierung ist das Einzeichnen einer Hyperbel k erforderlich, auf der alle Kombinationen von P und Y_r aufgelistet sind, die dem vorgegebenen nominellen BIP $Y_n = P \bullet Y_r$ entsprechen. Das Ausgangsgleichgewicht ist im Punkt A gegeben, in dem das anvisierte nominelle BIP realisiert wird. Bricht die Konjunktur ein Investitions- und Konsumschwäche bzw. Anstieg der Kassenhaltung), dann führt dies zu einer Linksverschiebung der Y^d-Funktion (①). Würde ausschließlich eine Geldmengenstrategie (analog der aktuellen EZB-Strategie) angewandt, wäre Punkt B das neue Gleichgewicht.

---

41 Vgl. Piper, Nikolaus: Das Spiel mit der Inflation. In den Vereinigten Staaten hat eine Grundsatzdebatte über die Politik der Notenbank begonnen. Das Ergebnis könnte ein deutlich geschwächter Dollar sein, in Süddeutsche Zeitung vom 3. November 2011.

Da jedoch Preisniveau und reales BIP in B gesunken sind und damit auch das nominelle BIP-Ziel unterschritten würde, löst dies im Rahmen der nominellen BIP-Strategie eine expansive Geldpolitik aus, die die Güternachfrage wieder in die Ausgangssituation bringt (②). Somit werden bei der Anwendung der nominellen BIP-Strategie Güternachfrageschocks absorbiert. Bei Güternachfrageschocks ist das nominelle BIP-Ziel der Geldmengensteuerung überlegen. Allerdings lässt sich auch in der Abb. 50 feststellen, dass die Inflationsrate unter Anwendung der nominellen BIP-Strategie höher ist als bei der Geldmengensteuerung.

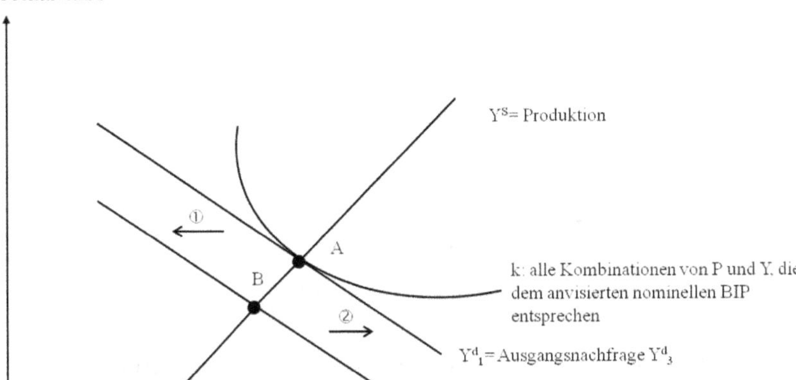

Abbildung 74: negativer Nachfrageschock

Betrachten wir nun einen negativen Angebotsschock, der zu einer Linksverschiebung der Angebotsfunktion auf Y^s_2 führt (①). Im Vergleich zur Ausgangssituation A ist bei sinkender Produktion das Preisniveau gestiegen. Ob das nominelle BIP gesunken oder gestiegen ist, hängt primär von der Elastizität der Güternachfrage ab. In der u. a. Abbildung ist sie gering, dass heißt die Preiserhöhungen führen nur zu einer geringen Reduzierung der Nachfrage, sodass per Saldo das nominelle BIP wächst.[42] In dieser Situation müsste eine kontraktive Geldpolitik über eine Reduzierung der Geldmenge betrieben werden, was zu einer Linksverschiebung der Güternachfrage führt (Punkt C). In dieser Situation wird das Preisniveau im Vergleich zur Geldmengensteuerung stärker stabilisiert; allerdings zu Lasten deutlicherer Outputschwankungen (hier stärkere Reduzierung des BIP).

42 Das sieht man auch daran, dass der Punkt B oberhalb der k-Hyperbel liegt (*Anmerkung des Verfassers*).

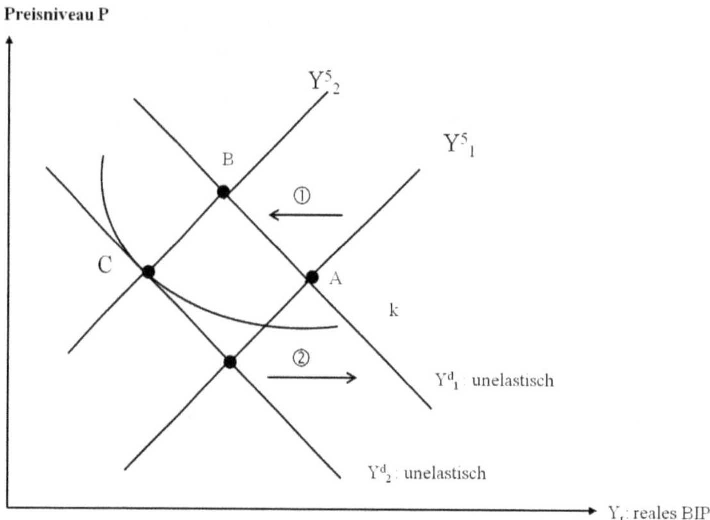

Abbildung 75 Angebotsschock bei unelastischer Güternachfrage

Ist die Güternachfrage elastisch, so ist die Mengenreaktion über eine Reduzierung des realen BIP stärker als die Preiserhöhung. Es kommt also per Saldo zu einem Rückgang des nominellen BIP (Punkt B). In dieser Situation wird im Rahmen der nominellen BIP Strategie eine expansive Geldpolitik „gefahren", die zu einer Erhöhung der gesamtwirtschaftlichen Nachfrage auf Y^d_2 führt; allerdings auf Kosten eines stärkeren Preisauftriebes.

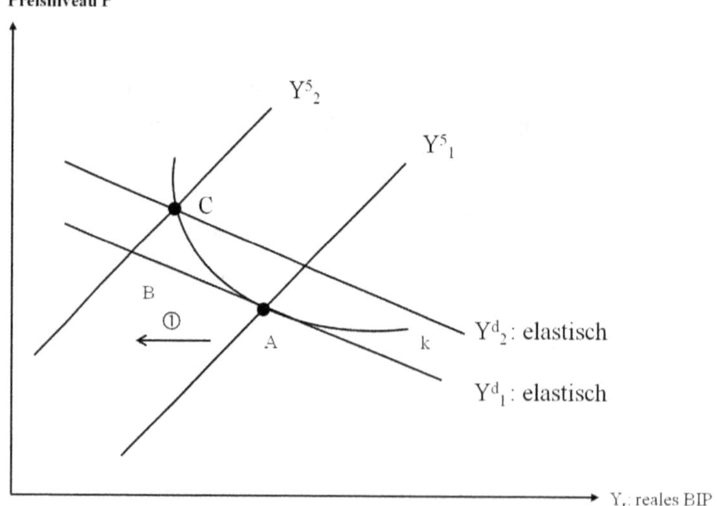

Abbildung 76: Angebotsschock bei elastischer Nachfrage

Fazit:
Bei Angebotsstörungen kann ohne zusätzliche Annahmen die Überlegenheit der einen oder der anderen Strategie nicht abgeleitet werden.

9.5.2 Kritik an der nominellen BIP-Strategie

Gegen die Verwendung des nominalen BIPs als Zwischen- oder Hauptziel einer geldpolitischen Strategie sprechen insbesondere zwei Erwägungen:

- Von einer Notenbank ist das nominelle BIP nicht direkt steuerbar, sodass die Gefahr der Zielabweichung besteht;
- Darüber hinaus stehen Daten über die Veränderung des BIP erst mit deutlicher Zeitverzögerung zur Verfügung.

9.5.3 Übungen

Fallstudie 1:
Unter der Annahme, dass es 2010 zu einem unvorhersehbaren Konjunkturaufschwung kommt, soll die EZB eine effiziente Strategie zur Begrenzung der Inflationsgefahren wählen. Zur Verfügung stehen als Alternativen:

- die derzeitige Geldmengenstrategie der Notenbank oder
- eine Orientierung am nominellen BIP.

Analysieren Sie grafisch und verbal, welche Strategie in dieser Situation geeigneter ist, Preisniveaustabilität zu realisieren.

Lösung:
Bei einem unvorhersehbaren Konjunkturaufschwung handelt es sich um einen positiven Nachfrageschock (Belebung des Konsum- oder Investitionsklimas, Anstieg der Kassenhaltungsdauer), der in unserem Modell zu einer Rechtsverschiebung der Güternachfragefunktion auf Y^d_2 führt (①). Das neue Gleichgewicht mit einem gestiegenen Preisniveau und realem BIP wird erreicht. In dieser Situation verändert sich ceteris paribus die Geldmenge nicht, sodass im Rahmen der Geldmengenstrategie nicht gegen den Anstieg des Preisniveaus gegengesteuert wird. Punkt B stellt hier das endgültige Gleichgewicht dar.
Wird die nominelle BIP-Strategie angewandt, so ist feststellbar, dass im Punkt B das nominelle BIP gestiegen ist (er liegt oberhalb der k-Hyperbel, Anmerkung des Verfassers). Deshalb muss hier durch eine restriktive Geldpolitik der alte Zielwert realisiert werden (②), sodass die neue Gleichgewichtssituation mit dem alten Preisniveau wieder erreicht wird.
Fazit: In der Situation eines positiven Nachfrageschocks wäre die Wahl der nominellen BIP-Strategie zur Begrenzung der Inflationsgefahren die bessere Variante.

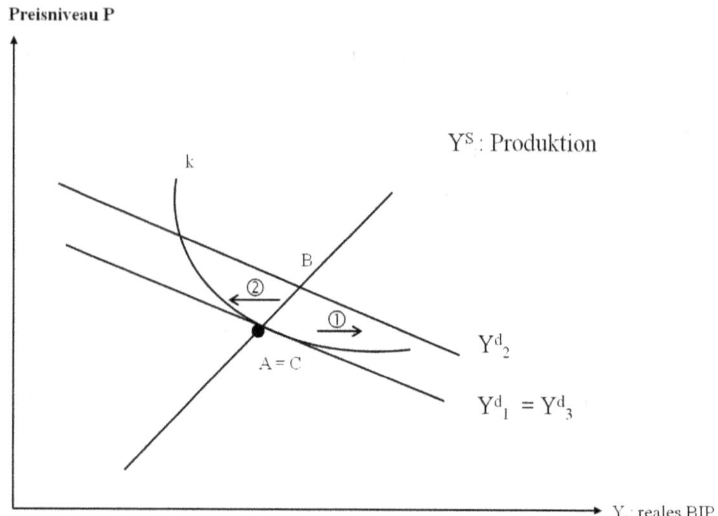

Abbildung 77: positiver Nachfrageschock

Fallstudie 2:

In einem Interview wurde die frühere Chefberaterin von Präsident Obama, Christina Romer (derzeit Professorin an der Universität in Berkeley), gefragt, was sich ändern würde, wenn die Fed das Ziel des nominellen BIP anwendet. „ Die Fed würde in einem normalen Jahr, etwa 2007, beginnen und dabei feststellen, dass das nominelle BIP seither mit einer Jahresrate von 4,5 Prozent hätte wachsen müssen. Wegen der Rezession und der ungewöhnlich niedrigen Inflation 2009 und 2010 hinkt das nominelle BIP aber um 10 Prozent hinter diesem Pfad zurück. Wenn die Fed das nominelle BIP als Ziel wählt, verpflichtet sie sich, diese Lücke zu schließen."[43]

(a) Zeigen Sie grafisch und analytisch, dass in dieser Situation die Orientierung an der nominellen BIP-Strategie zu einer Inflation führen wird, die über der anvisierten Inflationsrate bei Anwendung der Geldmengensteuerung liegen wird.

(b) Bei Anwendung der nominellen BIP-Strategie werden Inflationserwartungen geschürt. Welche Auswirkungen wird diese Erwartungshaltung aus der Sicht der Befürworter dieser Strategie haben?

[43] Vgl. Piper, Nikolaus: a.a.O..

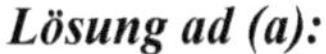

Lösung ad (a):

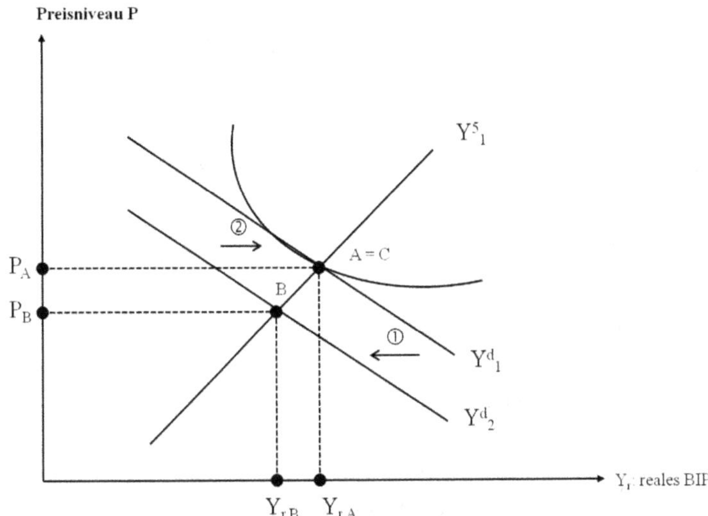

Abbildung 78: negativer Nachfrageschock

Als Ausgangspunkt jeglicher Überlegungen im Zusammenhang mit der nominellen BIP-Strategie ist die Gleichung:

$\overline{\log Y_r + P} = \log M \uparrow + \log V \downarrow$

zu sehen.

In konjunkturell schwachen Zeiten (Rezession) führt ein Einbruch der gesamtwirtschaftlichen Nachfrage von Y^d_1 auf Y^d_2 (siehe Abb.78: ①) dazu, dass der anvisierte Zielwert für das nominelle BIP-Wachstum unterschritten wird. Eine Rezession wirkt sich auf dem Geldmarkt durch eine rückläufige Umlaufgeschwindigkeit (V) aus, sodass die Notenbank mit einer expansiven Geldpolitik (M↑) gegensteuern muss. Auf Dauer führt diese stark expansive Geldpolitik – insbesondere wenn das gewünschte BIP-Wachstum wie in den USA seit 2007 unterschritten wurde – zu deutlichen Inflationsgefahren.

Im Rahmen der Geldmengensteuerung wäre hingegen die Wachstumsrate der Geldmenge M vorgegeben: $\overline{\log M} = \log Y_r + \log k + \log P$.

Hier darf bei einem Konjunktureinbruch nicht von dem gewünschten Geldmengenziel abgewichen werden. Dies würde dazu führen, dass die realisierte Inflationsrate bei Anwendung der Geldmengenstrategie (P_B) unter dem Preisniveau der nominellen BIP-Strategie (P_A) liegen wird.

Lösung ad (b):
Nach Auffassung der Befürworter der nominellen BIP-Strategie erwarten auch die Wirtschaftsteilnehmer bei Anwendung dieser Strategie eine höhere Inflationsrate. Nach herrschender Meinung prägen die Erwartungen bezüglich einer höheren Inflation das Verhalten auf den Güter- und Arbeitsmärkten, sodass der Druck auf die Lohnforderungen und damit auf die Preise steigen wird. Damit würden die Realzinsen sinken und die Kreditvergabe für private Konsumenten und Investoren würde dann günstiger, sodass sich diese Konjunktur belebend auswirken könnte.

9.6 Inflation-Targeting

Als Alternative zur potenzialorientierten Geldmengensteuerung der EZB ist das ***Inflation-Targeting-Konzept*** zu nennen. Die neuseeländische Notenbank wendet diese Strategie seit der Reform ihrer Zentralbankverfassung 1988 an. 1992 folgten eine Reihe weiter Staaten, zu denen Finnland, Großbritannien, Kanada. Schweden, Israel und Spanien zählen.[44]
In England legt die Regierung einen quantitativen Zielwert (+ 2,5 %) für die jährliche Inflationsrate fest. Entsprechend der Vorgabe des britischen Schatzkanzlers gilt dieser Zielwert dauerhaft. Die Bank of England veröffentlicht vierteljährig eine Inflationsprognose mit unterschiedlichen Szenarien und einer „Central Projection“. Der Vergleich von Inflationsziel und Prognoseverlauf soll Auskunft geben, ob und in welchem Umfang ein geldpolitischer Handlungsbedarf besteht. Darüber hinaus trägt die Publikation zu einer Verstetigung der Erwartungshaltung privater Wirtschaftsteilnehmer und zu hoher Transparenz der Geldpolitik bei: Eine entscheidende Komponente für die Effizienz der Geldpolitik, denn die Erwartungshaltung determiniert (= bestimmt) das Verhalten auf den Güter- und Arbeitsmärkten, auf denen z. B. Arbeitnehmervertreter versuchen, ihre (Nominal-)Lohn-forderungen durchzusetzen. Sind die Inflationserwartungen gering, werden c. p. auch die angestrebten Lohnsteigerungen moderat sein und damit den Druck auf die Preisniveaustabilität nehmen. Wird der Zielwert für die die Inflation um mehr als einen Prozentpunkt über- oder unterschritten, muss der Gouverneur der ***Bank of England*** in einem offenen Brief an den Schatzkanzler die Gründe dafür erläutern und die beabsichtigten Gegenmaßnahmen darlegen.
Die Hauptunterscheidungsmerkmale gegenüber der EZB-Strategie sind das fehlende monetäre Zwischenziel und die Veröffentlichung der Inflationsprognose, die von der Europäischen Zentralbank (bewusst) nicht vorgenommen wird.

---

44 Vgl. Berlemann, Michael: Inflation-Targeting, in: Das Wirtschaftsstudium (WISU), Düsseldorf 1999, Heft 6/99, S. 813ff. Unter dem Begriff des Inflation-Targeting werden nach herrschender Meinung alle oben angeführten Konzepte subsumiert. In Einzelmerkmalen unterscheiden sie sich jedoch zum Teil erheblich. Aufgrund inhaltlicher Restriktionen beschränkt sich der Verfasser in den folgenden Ausführungen auf die Darstellung der geldpolitischen Strategie der Bank of England.

Dazu benutzt die britische Notenbank ein breites Spektrum unterschiedlicher Indikatoren, während die EZB die Geldmenge M_3 als zentrale Steuerungsgröße für die mittel- bis langfristige Preisentwicklung benutzt. Das Eurosystem muss gerade in den Anfangsjahren der Europäischen Währungsunion in einem Umfeld arbeiten, das durch große Unsicherheiten geprägt ist. Das gilt für die Verhaltensweisen der Wirtschaftsakteure ebenso wie für die institutionellen Strukturen bis hin zur Statistik. All dies erschwert die Erstellung zuverlässiger Inflationsprognosen, sodass deren Publikation gar zu Fehlschlüssen verleiten könnte. Allerdings arbeitet selbstverständlich auch die ***Bank of England*** mit einem nominellen Anker (= Geldmenge), der allerdings nicht explizit veröffentlicht wird.

9.7 Notenbankstrategie der Fed

Die US-Amerikanische Notenbank, auch als **Federal Reserve System** bzw. **Federal Reserve** oder **Fed** bezeichnet, verfolgte bis Anfang der 90er Jahre des letzten Jahrhunderts analog der Deutschen Bundesbank eine Geldmengenstrategie. Die Handlungsfähigkeit dieser Zentralbank hing maßgeblich bei dieser Vorgehensweise davon ab, inwieweit sie in der Lage war, verlässig die Reaktion der Geldnachfrage auf Zins- und Einkommensänderungen abschätzen zu können.

Bis Ende der 80er Jahre nahm mit sinkendem Zins über den Rückgang der Umlaufgeschwindigkeit des Geldes (Anstieg der Kassenhaltungsdauer k) die Geldnachfrage zu, da die Opportunitätskosten der Geldhaltung mit sinkendem Zins ebenfalls rückläufig waren. Ein Anstieg der Geldnachfrage bedingte somit auch das Erfordernis, das Geldangebot auszuweiten.

Bis zu diesem Zeitpunkt war die Fed mit M_2 als Steuerungsgröße für das Geldangebot handlungsfähig. Anfang der 90er Jahre vollzog sich aber in den Vereinigten Staaten auf dem Kapitalmarkt ein nicht prognostizierbarer ***Disintermediationsprozess***: Die amerikanische Wirtschaft finanzierte zunehmend ihre Investitionen über die Platzierung von Anleihen und Aktien direkt über den Finanzmarkt ohne den Bankensektor zu involvieren. Diese Entwicklung führte dazu, dass trotz sinkender Zinsen und damit rückläufiger Opportunitätskosten der Geldhaltung, auch die Nachfrage nach Geld zurückging. Statistisch macht sich dies durch einen Anstieg der Umlaufgeschwindigkeit bemerkbar. In dieser Situation verursachte die Fed über eine Ausweitung von M_2 eine Geldmengen induzierte Inflation. Schematisch ist o. a. Zusammenhang noch einmal in der nächsten Tabelle zusammen gefasst.

Tabelle 6: Preisgabe der Geldmengensteuerung durch die Fed

Normale Reaktion:

$r\downarrow \rightarrow L$: Geldnachfrage$\uparrow \rightarrow M_2 \uparrow = k\uparrow \cdot Y_r \cdot P$

Sinkt der Zins ☞ Anstieg der Geldnachfrage (= Anstieg der Spekulationskasse = sinkende Umlaufgeschwindigkeit) ☞ Notwendigkeit, das Geldangebot M_2 zu erhöhen, um ausreichende Liquidität zur Verfügung zu stellen.

Normale Reaktion:

$r\uparrow \rightarrow L\downarrow \rightarrow M_2\downarrow = k\downarrow \cdot Y_r \cdot P$

Steigt der Zins ☞ Rückgang der Geldnachfrage (= Rückgang der Spekulationskasse = höhere Umlaufgeschwindigkeit) ☞ Notwendigkeit, das Geldangebot M_2 zu verknappen, weil durch den Anstieg der Umlaufgeschwindigkeit weniger Kaufkraft relevante Liquidität notwendig ist.

Anomalie:

$r\downarrow \neq L\downarrow \rightarrow M_2\uparrow > L = k\downarrow \bullet Y_r \cdot P \rightarrow$ Geldmengen induzierte Inflation

Sinkender Zins hätte zum Anstieg der Geldnachfrage (= Anstieg der Spekulationskasse = sinkende Umlaufgeschwindigkeit) führen müssen

Aber die Geldnachfrage der Unternehmen (Nichtbanken) sank, weil sie zunehmend ihren Finanzierungsbedarf <u>nicht</u> über die Geschäftsbanken sondern über die Platzierung von Anleihen und durch Beteiligungskapital (Aktien) finanzierten.

Dadurch war zu viel Geld im Umlauf, sodass dies zu einer Gefahr für die Preisniveaustabilität (= Anstieg der Inflationsrate) führte.

Nach der Preisgabe der Geldmengensteuerung strebt die US-Notenbank direkt ihre Ziele an. Nach dem Federal Reserve Act zählen dazu die Gewährleistung:

- maximaler Beschäftigung,
- stabiler Preise sowie
- langfristig moderater Zinsen.

Dabei gibt nach herrschender Meinung die Reihenfolge der Zielnennung auch deren Zielhierarchie wieder, sodass die Realisierung einer niedrigen Arbeitslosenquote Vorrang gegenüber stabilen Preisen besitzt.

Steigt zum Beispiel die Inflationsrate in Amerika an und schwächt sich gleichzeitig das Wirtschaftswachstum ab, so zeigt sich das Dilemma dieser Zielorientierung: Die Fed müsste zur Sicherung der Preisniveaustabilität die Leitzinsen anheben, während die Wachstumsschwäche genau das Gegenteil verlangt.

Aufgrund der Inkonsistenz des Zielkataloges und der starken Öffnung gegenüber diskretionären politischen Forderungen wird die Strategie der Fed von Kritikern auch als ***Muddling Through*** (engl. für Durchwursteln (Umgangssprache)) bezeichnet.

10 Ist die €-Währungszone ein optimaler Währungsraum?

10.1 Einführung in die Problemstellung

Wir wollen uns nun die Frage stellen, unter welchen Bedingungen es sich für eine Volkswirtschaft lohnt, einem festen Wechselkurssystem (hier €-Zone) beizutreten.

Es wird im Folgenden nachgewiesen, dass die Vor- und Nachteile des Beitritts entscheidend von der erreichten Integration der Volkswirtschaft des Anwärters mit derjenigen seiner potenziellen Partner abhängig sind. Ein Währungsverbund (feste Wechselkurse, einheitliche Währung) ist am besten für solche Wirtschaftsräume geeignet, die durch Außenhandel und Faktorbewegungen von Kapital und Arbeit stark integriert sind. Dies besagt die ***Theorie der optimalen Währungsräume***.

Mundell und ***Fleming*** werden immer wieder im Kollegenkreis als wissenschaftliche Gründungsväter der €-Währungszone bezeichnet. Zumindest sind die Wurzeln der o. a. Theorie auf die beiden Autoren zurück zu führen.

Wer diese Theorie der optimalen Währungsräume im Original nachlesen will, dem sei deshalb die Lektüre des Robert MundellKlassikers „The Theory of Optimum Currency Areas“, in: American Economic Review, September 1961, S. 717 – 725 empfohlen.

10.2 Vorteile eines Gebietes mit festen Wechselkursen: GG-Kurve

Welche Überlegungen stellt ein Land – wie zum Beispiel Polen – an, um zu entscheiden, ob es sich dem €-Währungsraum anschließen soll. Ein wesentlicher ökonomischer Vorteil (fester Wechselkurse) besteht darin, dass sie wirtschaftliche Kalkulationen erleichtern und gegenüber flexiblen Kursen eine berechenbarere Grundlage für Entscheidungen liefern, die mit internationalen Transaktionen verbunden sind.[45]

Stellen Sie sich zum Beispiel vor, wie viel Zeit und Geld ein deutscher Verbraucher oder Unternehmer aufwenden müsste, wenn sämtliche Bundesländer eine eigene Währung hätten, deren Wert gegenüber den Währungen aller übrigen Bundesländer schwanken würde!

Der monetäre Effizienzgewinn, der sich aus dem Beitritt zu dem Festkurssystem ergibt, entspricht den gesamten Unsicherheits-, Konfusions-, Kalkulations- und Transaktionskosten, die flexible Wechselkurse mit sich bringen. Zwar lässt sich dieser Effizienzgewinn nicht genau quantifizieren, er fällt aber mit Sicherheit umso höher aus, je umfangreicher der Außenhandel zwischen Polen – als Beispiel für ein potenzielles Beitrittsland - und den Ländern des Euroraums ist.

Der monetäre Effizienzgewinn einer Anbindung der polnischen Währung (Złoty) an den € wächst auch dann, wenn die Produktionsfaktoren Arbeit und Kapital ungehindert zwischen Polen und Euroland wandern können. Polen, die in einem Land des € investieren, profitieren von berechenbaren Erträgen aus ihrer Investition. Polnische Bürger, die in einem Land des Euroraums arbeiten, profitieren von einem festen Wechselkurs, der ihre Löhne im Verhältnis zu den Lebenshaltungskosten im Heimatland vergleichbar macht.

---

45 Die folgenden Ausführungen sind an Krugman, Paul / Obstfeld, Maurice: International Economics stark orientiert.

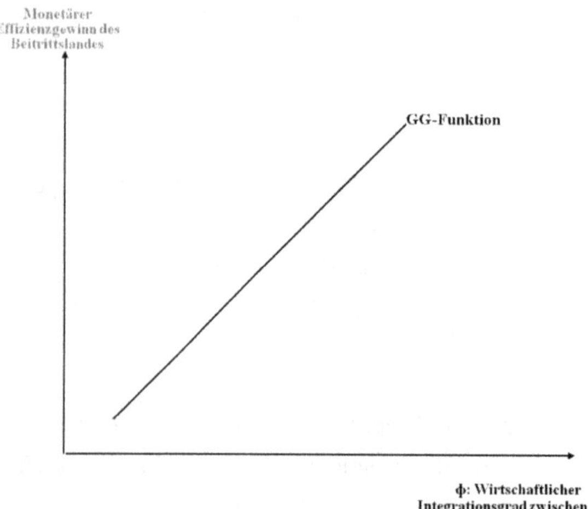

Abbildung 79: GG-Funktion

Dieser Zusammenhang ist in der o. a. Abbildung durch die GG-Funktion dargestellt.

Die steigende GG-Kurve zeigt an, dass der monetäre Effizienzgewinn aus dem Beitritt zu einem Gebiet mit festen Wechselkursen (bzw. im Spezialfall eines einheitlichen Währungsraumes) umso größer ausfällt, je stärker die wirtschaftliche Integration zwischen dieser Region und dem Beitrittsgebiet ausgeprägt ist.

10.3 Nachteile eines Gebietes mit festen Wechselkursen: LL-Kurve

Diese Kosten entstehen deshalb, weil das Beitrittsgebiet auf seine Fähigkeit verzichtet, Produktion und Beschäftigung mit Hilfe währungs- und geldpolitischer Maßnahmen zu stabilisieren. Dieser Verlust wirtschaftlicher Stabilität ist ebenso wie der monetäre Effizienzgewinn durch das Maß an wirtschaftlicher Integration bestimmt.

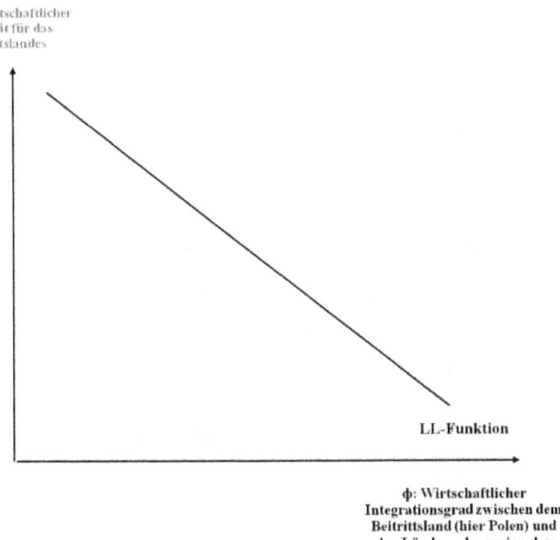

Abbildung 80: LL-Funktion

Wir haben bereits darauf hingewiesen, dass ein flexibler Wechselkurs gegenüber einem festen Wechselkurs besser geeignet ist, die Folgen einer Gütermarktstörung (z.B. Verschiebung der IS-Funktion) zu dämpfen. Ein flexibler Wechselkurs dämpft automatisch die Folgen der Störung für die Produktion und Beschäftigung der betroffenen Volkswirtschaft, indem er eine sofortige Änderung der relativen Preise inländischer und ausländischer Güter herbeiführt.

Darüber hinaus erschwert ein fester Wechselkurs gezielte Stabilisierungsmaßnahmen, weil er jede geldpolitische Beeinflussung der inländischen Produktion ausschließt.

Nehmen wir an, Polen habe seine Währung an den € gebunden und die Gesamtnachfrage nach polnischen Produkten gehe zurück (Linksverschiebung der polnischen IS-Fkt.). Wenn sich zufällig die IS-Funktionen aller €-Länder nach links verschieben, wird sich der € einfach gegenüber anderen Währungen abwerten und damit die automatische Stabilisierung herbeiführen. Polen steht also nur dann vor einem ernsteren Problem, wenn es das einzige Land ist, das sich einem Nachfragerückgang ausgesetzt sieht. Dieser Fall wäre beispielsweise gegeben, wenn die Weltnachfrage nach landwirtschaftlichen Produkten, die wichtige Exportprodukte Polens darstellen, zurückgeht. Da der Außenwert des € stabil bleibt, könnte erst nach einem verlustreichen Konjunkturabschwung, in dem die Preis aller polnischer Güter und die Löhne der polnischen Arbeiter sinken, Vollbeschäftigung wieder hergestellt werden.

Allerdings kann Folgendes festgestellt werden: Je ausgeprägter die Integration, desto schwächer der konjunkturelle Einbruch und desto geringer sind auch die Kosten der Anpassung an die Verschiebung der IS-Funktion:

- Existiert Freihandel zwischen Polen und den €-Ländern, so führt eine geringfügige Senkung der polnischen Preise zu einer im Verhältnis zur polnischen Gesamtproduktion starken Nachfrage nach polnischen Produkten. Daher kann die Vollbeschäftigung in Polen relativ schnell wieder hergestellt werden.
- Sind die Faktormärkte hoch integriert (z.B. durch Arbeitnehmerfreizügigkeit, Niederlassungsfreiheit) können polnische Arbeitnehmer und Investoren ihr wirtschaftliches „Glück“ im Ausland versuchen, wenn in der heimischen Volkswirtschaft die Konjunktur einbricht. Dann fällt die heimische Arbeitslosigkeit in Polen milder aus und die Renditen von Investoren sinken im geringeren Umfang.

Unsere **Schlussfolgerung** lautet somit, dass ein hohes Maß an wirtschaftlicher Integration zwischen einem Land und dem Währungsverbund, den es beitritt, den Verlust wirtschaftlicher Stabilität infolge von Gütermarktstörungen reduziert.

10.4 Entscheidung über den Beitritt: Kombination von GG- und LL-Kurve

Eine Entscheidung für einen Beitritt zu einem Währungsraum ist somit immer dann angezeigt, wenn die Integration zwischen den Märkten des Beitrittslandes (hier Polen) und denjenigen des Euroraums mindestens gleich Φ_1 ist, d. h. dem Schnittpunkt von GG und LL in Punkt ① der folgenden Abbildung entspricht. Ist der Integrationsgrad höher als Φ_1 , so sind die wirtschaftlichen Vorteile aus einem Beitritt für das Beitrittsland höher als die Verluste.

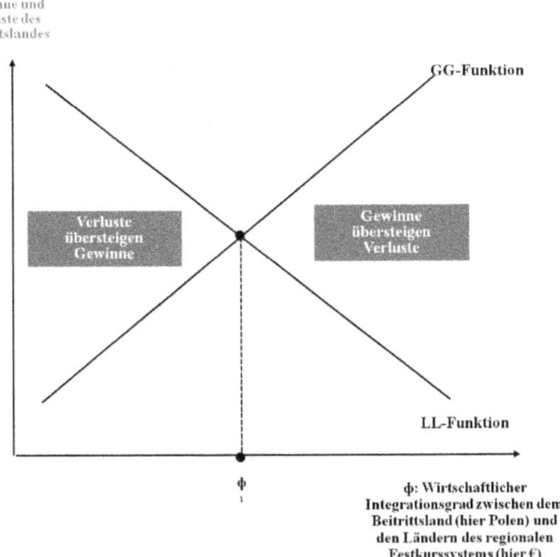

Abbildung 81: Gewinne und Verluste aus einem Beitritt zur Währungsunion

10.5 Folgen einer gesteigerten Gütermarktvariabilität im Beitrittsland

Betrachten wir nun das Beispiel vermehrter abrupter Änderungen von Umfang und Häufigkeit der Nachfrage nach Exporten des betreffenden Landes (= eines ***asymmetrischen Schocks***). Wie in der u. a. Abbildung dargestellt, verschiebt eine solche Änderung die LL-Funktion nach rechts auf LL_2.

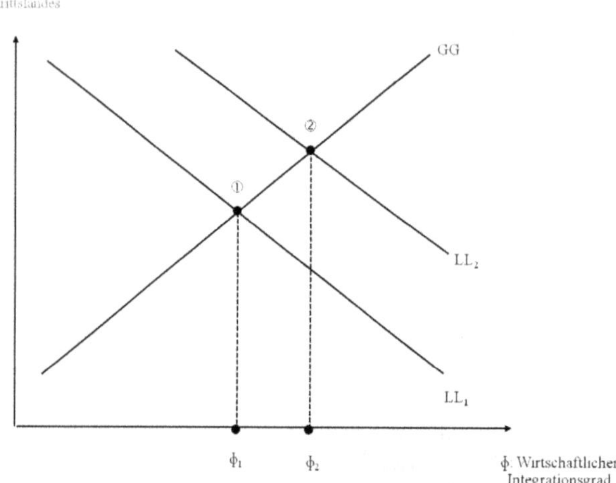

Abbildung 82: Folgen einer gestiegenen Gütervariabilität (= eines asymmetrischen Schocks)

Nun vergrößert sich für jedes Niveau der wirtschaftlichen Integration mit dem Währungsgebiet die zusätzliche Instabilität in den Bereichen Produktion und Beschäftigung, die mit der Festlegung des Wechselkurses einhergeht. Infolgedessen steigt das Niveau der wirtschaftlichen Integration, bei dem sich der Beitritt zu dem Währungsgebiet lohnt, auf Φ_2 .

Bei ansonsten gleichen Bedingungen senkt eine erhöhte Variabilität der Produktmärkte eines Landes also dessen Bereitschaft, einem Währungsverbund beizutreten.

Diese Diagnose hilft zu erklären, weshalb die Staaten nach dem Ölpreisschock von 1973 wenig Neigung verspürten, das Festkurssystem von Bretton Woods wiederzubeleben.

10.6 Asymmetrische Schocks und Währungsunion

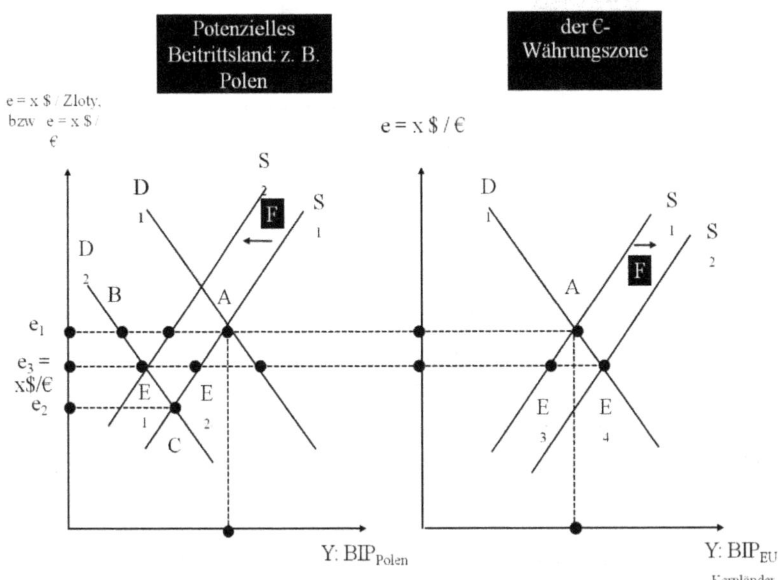

Abbildung 83: Asymmetrische Schocks und Vorteilhaftigkeit eines Beitritts zur €-Währungszone

„e" beschreibt den nominellen Wechselkurs des potenziellen Beitrittslandes (hier Polen) bzw. der (Ausgangs-) Währungsunion (hier EU-Kernländer) zu einem Drittland (z.B. den USA).

Solange alle Mitgliedsländer einer Währungsunion demselben Schock ausgesetzt sind, spielt die Preisgabe der heimischen Währung keine Rolle. Betrachten wir nun aber den Fall, in dem nur ein Land (hier Polen) einem unvorhergesehenen Ereignis ausgesetzt ist, das ausschließlich die Konjunktur des betrachteten Landes negativ beeinflusst. In diesem Zusammenhang wird von einem so genannten ***asymmetrischen Schock*** gesprochen. Einem solchen asymmetrischer Schock ist Polen zum Beispiel 2014 durch die russischen Boykottmaßnahmen gegenüber landwirtschaftlichen Produkten aus der EU ausgesetzt gewesen. Während die Zahl der Erwerbstätigen in der Landwirtschaft in den meisten EU-Ländern bei 1 bis 2 % liegt, beträgt er in Polen noch mindestens 13 Prozent.

Durch das russische Importverbot[46] (speziell polnischer Äpfel, die traditionell zum großen Teil nach Russland exportiert wurden) war also die polnische Volkswirtschaft sehr viel stärker betroffen als die meisten anderen EU-Staaten.

---

46 Vor dem russischen Importverbot betrug der Preis der deutschen Obstbauern für ein Kilogramm Äpfel gewährt wurde im Durchschnitt 40 Cent; dieser hat sich nach der Initiierung der Boykottmaßnahmen mehr als halbiert.

Auch kann die ***Staatsschuldenkrise in Griechenland***, die maßgeblich durch interne Probleme verursacht wurde, als Beispiel für einen asymmetrischen Schock angeführt werden.

Vor dem einseitigen Schock beschreibt der Punkt A sowohl die Ausgangssituation des potenziellen Beitrittslandes als auch der Kernmitgliedsländer einer Währungsunion. Dabei stellt e_1 den Wechselkurs der beiden Ländergruppen zum US-Dollar dar. Dabei gehen wir von der realitätsnahen Annahme aus, dass Preise und Löhne wesentlich inflexibler reagieren als Wechselkurse und somit kurzfristig konstant sind.

Ein isolierter Konjunktureinbruch führt nun in Polen zu einer Linksverschiebung der D_1-Funktion auf D_2. Dies würde bei einer eigenständigen Währung zur Abwertung derselben auf e_2 führen und damit über eine Erhöhung der preislichen Wettbewerbsfähigkeit der Exporte partiell die negativen Folgen des Schocks abfedern (Punkt B). In der Währungsunion verändern sich hingegen die Ausgangsparameter unter den getroffenen Annahmen nicht, sodass der Wechselkurs zum US-$ sowie das Bruttoinlandsproduktwachstum nicht tangiert werden.

Wäre nun Polen Teil der Währungsunion, würde der konjunkturelle Einbruch in diesem Land zu einer Abwertung der gemeinsamen Währung zum Beispiel auf e_3[47] führen. Je geringer die Wirtschaftskraft des Beitrittslandes in Relation zur gesamten Währungsunion ist, umso weniger wird der neue Wechselkurs von der Ausgangssituation abweichen.

Auf jeden Fall wäre aber die Abwertung der gemeinsamen Währung für das Polen viel zu gering, sodass es bei e_3 zu einer Rezession kommt, die sich durch den horizontalen Abstand zwischen S_1 (E_2) und D_1 (E_1) beschreiben lässt. In der Realität wird sich dies in der betrachteten Volkswirtschaft durch eine geringere Auslastung der Fertigungskapazitäten und damit durch einen Produktionsüberschuss, der nicht im Inland oder nur zu einem niedrigeren Preis absetzbar ist, bemerkbar machen. Gleichzeitig würde dies auch einen Anstieg der Arbeitslosigkeit bedeuten.

Im Gegensatz dazu ist in den Kernländern der Währungsunion (rechtes Diagramm) die Abwertung der gemeinsamen Währung zu hoch, was zu einer Überhitzung der Konjunktur (horizontaler Abstand zwischen D_1 (E_4) und S_1 (E_3) führen könnte.

Beide Ländergruppen sind somit in einer instabilen Gleichgewichtssituation, die nicht durch Wechselkursanpassungen zu Drittländern behoben werden kann. Somit muss die Überführung in eine langfristig stabile Situation (oft für eine Vielzahl von Wirtschaftsteilnehmern schmerzhaft) über Preis- und/oder Lohnveränderungen erfolgen.

---

47 „e_3" ist also der neue (nominelle) Wechselkurs des € gegenüber dem $; Zur €-Währungszone zählt jetzt aber auch Polen (*Hinweis des Verfassers*).

Die Rezession in Polen würde einen nach unten orientierten Druck auf Preise (unter Umständen sog. zu einer Deflation wie in Japan führen) und Löhne auslösen. Die Kernländer der Währungsunion hätten mit einem Anstieg der Inflationsrate zu rechnen.

Eine Abmilderung der oben beschriebenen negativen Folgen einer Währungsunion bei asymmetrischen Schocks könnte durch die Freizügigkeit der Arbeits- und Kapitalmärkte erfolgen. Bei einer hohen Flexibilität würde das Angebot an Arbeitskräften sich in Polen durch Migration in die Kernländer verringern und polnische Investoren verstärkt im Ausland investieren. Beides würde zu einer Linksverschiebung der Angebotsfunktion in Polen und zu einer Rechtsverschiebung in den Kernländern führen. Aus diesem Grund hat die polnische Regierung ihren Wunsch, der €-Währungszone beizutreten, zeitlich an die Gewährung der Arbeitnehmerfreizügigkeit durch Deutschland im Mai 2011 gekoppelt. Die Verpflichtung Polens, zwischen 2009 und 2011 in einem festen Wechselkurssystem zum € stehen zu müssen, hat aber aus den o.a. Gründen dazu geführt, die eigene Währung auf nicht absehbare Zeit weiter zu behalten.

10.7 Symmetrische Schocks mit asymmetrischen Effekten

Selbstverständlich gelten die Ausführungen auch für unprognostizierbare Ereignisse, die alle beiden Ländergruppen gleichzeitig treffen, allerdings unterschiedliche Wirkungen in den Volkswirtschaften zeitigen. Eine Verteuerung der Rohöl- und Gaspreise wirkt sich zum Beispiel in den Ländern (wie den Niederlanden, Norwegen und England), die per Saldo diesen Rohstoff exportieren, diametral unterschiedlich im Vergleich zu den importierenden Volkswirtschaften aus.

Dies dürfte auch ein Grund dafür sein, dass sowohl Norwegen als auch England bisher nicht den € eingeführt haben. Als weitere Ursachen für unterschiedliche Wirkungen von symmetrischen Schocks können divergierende sozio-ökonomische Strukturen (Traditionen, Regulierungen auf dem Arbeitsmarkt, Gewerkschaftsmacht, sektorale Wirtschaftsstruktur, externe Verschuldung einer Volkswirtschaft, die Rolle des Finanz- und Bankensektors) angeführt werden.

10.8 Die Kriterien für einen optimalen Währungsraum

Nach Auffassung von Baldwin und Wyplosz[48] gibt es drei ökonomische sowie drei politische Kriterien, die als Indikatoren für die Vorteilhaftigkeit eines Beitritts zu einem Währungsraum herangezogen werden können. In der Tab. 1 sind diese Bedingungen Überblick artig aufgelistet.

Tabelle 7. Kriterien eines optimalen Währungsraums

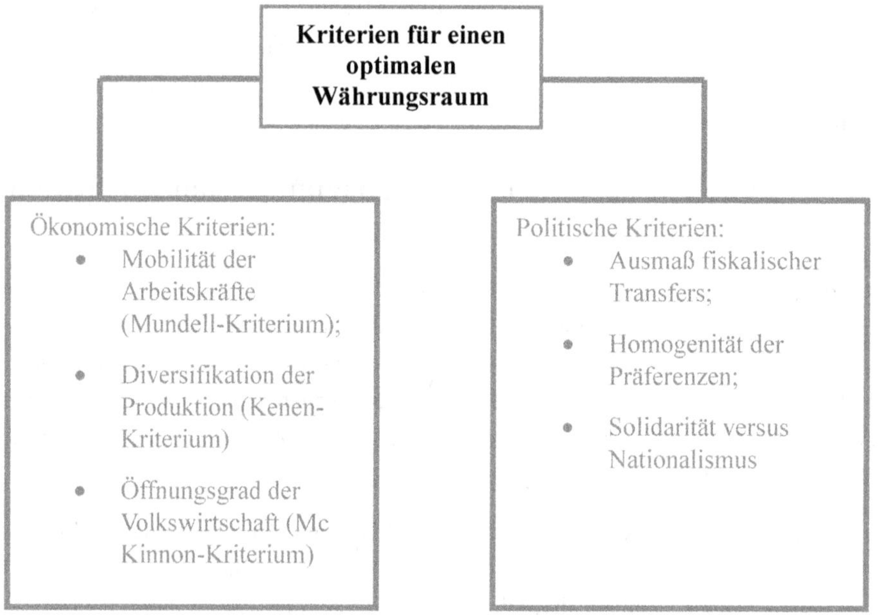

Quelle: eigene Darstellung, Kriterien entnommen aus: Baldwin, Richard / Wyplosz, Charles: The Economics of European Integration, 2nd Edition, Berkshire 2004, S. 355ff.

48 Vgl. Baldwin, Richard / Wyplosz, Charles: The Economics of European Integration, 2nd Edition, Berkshire 2004, S. 355ff.

10.8.1 Die Mobilität der Arbeitskräfte

Nach Auffassung von Robert Mundell ist ein optimaler Währungsraum durch vollständige Arbeitnehmerfreizügigkeit und -mobilität gekennzeichnet. Betrachten wir diese Hypothese anhand der Abb. 77: Wie bereits dargestellt , führt ein asymmetrischer Schock im Beitrittsland bei einer einheitlichen Währung zu einem Anstieg der Arbeitslosigkeit, während in den Kernländern durch die zu geringe Abwertung eine Überhitzung der Konjunktur droht. Beide Probleme können gleichzeitig durch eine Reallokation von Ressourcen zwischen beiden Ländergruppen beseitigt werden. Sind Arbeitskräfte mobil, so kommt es in unserer Situation zu einer Verknappung des Arbeitsangebotes im Beitrittsland (Linksverschiebung der S_1-Funktion auf S_2.) und zu einer Ausweitung im selben Umfang in den Kernländern (Rechtsverschiebung der S_1-Funktion auf S_2.). Eine Veränderung der Preise und Löhne ist danach in den betrachteten Volkswirtschaften zur Stabilisierung des Gleichgewichts nicht mehr notwendig. Das Mundell-Kriterium basiert auf der Bereitschaft der Arbeitnehmer zur Mobilität. In der Realität wird aber diese Bereitschaft beeinträchtigt durch kulturelle und sprachliche Barrieren, insbesondere dann, wenn der Währungsraum aus einer Vielzahl von Ländern besteht.

Darüber hinaus lässt sich der Arbeitskräftebedarf eines Landes nur dann decken, wenn das Anforderungsprofil dem Qualifikationsniveau der Arbeitslosen der anderen Volkswirtschaft entspricht. Unter Umständen sind deshalb im Vorfeld der Migration ein signifikanter Umschulungsbedarf und der Erwerb fundamentaler Sprachkenntnisse erforderlich, der nur dann sinnvoll ist, wenn der konjunkturelle Einbruch (z. B. von Polen) nicht temporär ist.

Die zusätzlich benötigten Arbeitsplätze in der Kernländergruppe müssen mit Kapital ausgestattet werden. Während Finanzkapital aufgrund der geringen Transaktionskosten schnell und friktionslos transferiert werden kann, ist Sachkapital wesentlich weniger mobil. So kann die Errichtung eines neuen Produktionsstandortes oft Monate oder sogar Jahre dauern.

10.8.2 Diversifikation der Produktion (Kenen-Kriterium)

Asymmetrische Schocks in einem Land stellen das Hauptargument gegen einen Beitritt zu einer Währungsunion dar. Entscheidend in diesem Zusammenhang ist jedoch, wie häufig solche Ereignisse eintreten, da die Vorteile einer Währungsunion täglich evident werden. Schocks treten hauptsächlich im Zusammenhang mit veränderten Verhaltensmustern und Präferenzen sowie technologischen Innovationen auf. Ein Land, dessen Produktion auf ein enges Feld von Sachgütern und Dienstleistungen spezialisiert ist, dürfte eine besonders hohe Wahrscheinlichkeit für das Auftreten dieser asymmetrischen Ereignisse haben. Einige afrikanische Staaten realisieren zum Beispiel 80 – 90 % ihrer Exporterlöse aus dem Verkauf eines Produktes (Kaffee, Kakao, Bauxit). Ein Einbruch der Weltnachfrage nach diesen Produkten hätte Folgen schwere Auswirkungen für diese Volkswirtschaften.

Somit lässt sich das ***Kenen-Kriterium*** formulieren: Länder, deren Produktpalette und Exporte weit diversifiziert sind und über ähnliche Produktionsstrukturen verfügen, bilden einen optimalen Währungsraum.

10.8.3 Offenheitsgrad der Volkswirtschaft (Mc Kinnon Kriterium)

Die nächste Frage ist, ob der Wechselkurs das adäquate Instrument zur Bewältigung eines asymmetrischen Schocks ist. Sollte dies nicht der Fall sein, spielt auch die Preisgabe der eigenen Währung keine Rolle.
Bei handelbaren Gütern wird es bei Nichtexistenz von Handelsbeschränkungen unter dem internationalen Wettbewerbsdruck zu einer Nivellierung der Preise kommen und zwar unabhängig von dem jeweiligen Wechselkurs. Somit führt eine Veränderung des Wechselkurses nicht zur Beeinflussung der Wettbewerbsfähigkeit einer Volkswirtschaft. ***McKinnon*** konstatiert in diesem Zusammenhang, dass kleine, offene Volkswirtschaften nur geringe Möglichkeiten auf internationalen Märkten besitzen, die Preise für ihre Güter und Dienstleistungen (autonom) festzulegen. Ein Beitritt zu einer Währungsunion hätte deshalb kaum Konsequenzen.
Somit lautet das McKinnon Kriterium: Länder mit einem hohen Maß an außenwirtschaftlichen Beziehungen untereinander bilden einen optimalen Währungsraum.

10.8.4 Das Ausmaß fiskalischer Transfers

Die **Abb. 79** beschreibt einen asymmetrischen Schock, der im Beitrittsland zum Konjunktureinbruch führt und bei einer Währungsunion auch die Kernländer dieses Verbundes (negativ) beeinflusst. Somit muss es im Interesse der Kernländergruppe sein, mit Hilfe von Finanztransfers die negativen Folgen in beiden Volkswirtschaften zu reduzieren.

Das Transfer-Kriterium kann somit lauten: Länder, die einer gegenseitigen Kompensation nach asymmetrischen Schocks zustimmen, bilden einen optimalen Währungsraum.

10.8.5 Homogenität der Präferenzen

In den ersten Veranstaltungen haben die Leser Konflikte zwischen wirtschaftspolitischen Zielsetzungen kennen gelernt. So unterstellt zum Beispiel die modifizierte Phillips-Kurve einen Trade-off (Zielkonflikt, Zielantinomie) zwischen der Inflationsrate und der Höhe der Arbeitslosigkeit einer Volkswirtschaft. Ebenso dürften Wachstumsperspektiven eingeschränkt sein, wenn es nicht eine produktivitätsorientierte Spreizung der Einkünfte und damit eine ungleiche Einkommensverteilung gibt. Darüber hinaus gibt es kontroverse Auffassungen über die Verfolgung von Partialinteressen im Rahmen der Wirtschaftspolitik:

Eine schwacher Außenwert der heimischen Währung kann Export fördernd sein, sich gleichzeitig aber auch negativ auf die Kaufkraft inländischer Konsumenten auswirken.

Welche Interessen bzw. Zielsetzungen im Rahmen der Politik verfolgt werden, hängt von den jeweiligen nationalstaatlichen Präferenzen ab. Liegen bei den Mitgliedsländern einer Währungsunion divergierende Interessenlagen vor, so wird jeder Staat individuell versuchen, Einfluss auf die Entscheidungen der geldpolitischen Entscheidungsträger zu nehmen. Egal, welche Entscheidung die Notenbank fällt, es wird immer Länder geben, die über diese Maßnahme unglücklich sind. Im Extremfall wird dies den Fortbestand der Währungsunion gefährden.

10.9 Ist Europa ein optimaler Währungsraum?

10.9.1 Häufigkeit asymmetrischer Schocks und Auswirkungen einer zentralisierten Geldpolitik

Richard ***Baldwin*** und Charles ***Wyplosz*** haben einen so genannten ***OCA[49]-Index*** entwickelt, der für den Zeitraum vor der €-Einführung festgestellt hat, wie stark und häufig Wechselkursanpassungen einzelner Länder gegenüber der DM als damalige europäische Hauptwährung als Reaktion auf einen asymmetrischen Schock stattfanden. Die stärksten Anpassungen vollzogen sich gegenüber der DM bei England, Finnland, Norwegen und Dänemark. Die geringsten verzeichneten die Niederlande, Österreich, Belgien und Irland.

Der zweite Index stellt fest, wie sich eine ein prozentige Erhöhung des Zinsniveaus innerhalb eines Zeitraums von 2 Jahren auf das nationale BIP und die Inflationsrate ausgewirkt haben. Damit soll ermittelt werden, ob die Geldpolitik in den einzelnen Volkswirtschaften unterschiedliche Wirkungen zeitigt. Die negativen Effekte auf die gesamtwirtschaftliche Wertschöpfung waren in Griechenland, Italien und Österreich am größten, während die Niederlande, Belgien und Luxemburg die geringsten Auswirkungen konstatierten. Die größten Effekte auf das Preisniveau hatten Finnland, Italien und Spanien. Am geringsten veränderte sich die Inflationsrate in Frankreich und Luxemburg.

Folgende Gründe können hierfür angeführt werden:

- Unterschiedliche nationale Bankenstrukturen, die die Verfügbarkeit und die Kosten für die Aufnahme von Fremdkapital beeinflussen;
- Da kleinere Firmen stärker auf Fremdkapital angewiesen sind, werden diese auch deutlicher durch eine restriktive Geldpolitik beeinträchtigt, sodass die Firmenstruktur als eine Erklärungsvariante dienen kann.

[49] OCA: Optimal Currency Area: Währungsraum.

10.9.2 Offenheit in Europa

Die Offenheit kann als Anteil der Importe bzw. Exporte (= grenzüberschreitender Handel) an der Gesamtwertschöpfung eines Landes gemessen werden. Im internationalen Vergleich (insbesondere im Vergleich zu den USA und Japan!) können alle europäischen Länder als offen bezeichnet werden. Allerdings lässt sich konstatieren, dass kleine Volkswirtschaften einen besonders hohen Offenheitsgrad aufweisen. Dieser Umstand lässt auch erklären, dass gerade diese Ländergruppe zu den entschiedenen Befürworter der €-Währungszone zählt.

10.9.3 Diversifikation in Europa

Das Kenen-Kriterium basiert auf der Annahme, dass asymmetrische Schocks zwischen Volkswirtschaften weniger häufig auftreten, die ähnliche Produktionsstrukturen aufweisen und deren Handel hoch diversifiziert ist. Bayoumi und Eichengreen entwickelten 1997 einen Index, der die Abweichung der Handelsstruktur eines jeden Landes zu Deutschland feststellte.

Die größten Abweichungen haben Norwegen, Griechenland und die Niederlande; die geringsten Österreich, Italien und die Schweiz.

10.9.4 Mobilität des Produktionsfaktors Arbeit in Europa

Innerhalb Europas herrschen große kulturelle und sprachliche Barrieren. Darüber hinaus behindern familiäre Banden und Freundschaften sowie Nationalismus und Fremdenfeindlichkeit die Mobilität. Divergierende Sozialversicherungssysteme (und damit unzureichende Übertragbarkeit von Sozialversicherungsansprüchen), unzureichende Aufstiegsmöglichkeiten (auch für Familienangehörige) im Ausland, hohe Umzugskosten, tendenziell höhere Wohnkosten in Europa im Vergleich zu den USA, sowie eine unterschiedliche Besteuerung tragen ebenfalls zu einer geringen Arbeitskräftemobilität in Europa bei.

Immigration in die EU aus Drittländern könnte dieses Problem lindern. Aber auch hier ist diese Form in Europa (0,3 % der Gesamtbevölkerung) signifikant niedriger als in den USA (0,5 %).

10.9.5 Ausmaß fiskalischer Transfers

In den USA wird jeder Rückgang der regionalen Wertschöpfung aufgrund eines asymmetrischen Schocks zu 10 bis 40 % des Gesamtausfalls durch Bundeszuschüsse kompensiert.

Da das Budget der EU nur 1,27 % des gemeinschaftsweiten BIP beträgt, ist diese Summe nicht realisierbar. Allerdings können Unterstützungsleistungen weiterer Institutionen – wie der EZB und des IWF – zu einer Linderung Länder spezifischer Probleme (siehe Griechenland) entscheidend beitragen.

10.9.6 Homogenität der Präferenzen

Teilen alle Mitgliedsländer der EU dieselbe Auffassung über den Einsatz der Geldpolitik? In der Vergangenheit war das sicherlich nicht immer der Fall, wenn man z. B. an Länder wie Deutschland mit einer traditionell niedrigen Inflationsrate im Vergleich zu Griechenland und Italien denkt. Auch das Ausmaß der öffentlichen Haushaltdisziplin divergiert(e) beträchtlich.

Auf der einen Seite ist der Stabilitäts- und Wachstumspakt zur Begrenzung der staatlichen Verschuldung initiiert wurden, was in der Zukunft zu einer zunehmenden Konvergenz führen könnte. Andererseits sprechen die sehr kontrovers geführten Diskussionen innerhalb des EZB-Rates hinsichtlich des durchgeführten Ankaufprogramms von Staatsanleihen gegen eine Vereinheitlichung der Vorstellungen gegenüber der EZB-Geldpolitik.

10.9.7 Solidarität versus Nationalismus

In wieweit sind die Bürger innerhalb der einzelnen Länder bereit, nationale Souveränität für gemeinschaftsweite Interessen aufzugeben? Nach einer Untersuchung aus dem Jahr 2005 sind viele neue Beitrittsländer enthusiastische Befürworter der „europäischen Idee“ und einer zunehmenden politischen Integration, während das United Kingdom und die skandinavischen Länder, einschließlich der baltischen Staaten, sich entschieden gegen eine Ausweitung der politischen Integration aussprechen.

Im weltweiten Vergleich nehmen aber alle europäischen Länder eine führende Rolle ein, was die Preisgabe nationaler Kompetenzen betrifft.

10.9.8 Scorecard für den europäischen Währungsraum

In der Tabelle 2 erfolgt noch einmal eine Zusammenfassung, in wieweit Europa die Kriterien für einen optimalen Währungsraum erfüllt.

Tabelle 8. Scorecard für den europäischen Währungsraum

Kriterium	**Erfüllt?**
Arbeitskräftemobilität	Nein
Offenheit der Handelsbeziehungen	Ja
Diversifikationsgrad	Ja
Fiskalische Transfers	Nein
Homogenität der Präferenzen	?
Solidarität versus Nationalismus	?

11 Die Auswirkungen der Arbeitnehmerfreizügigkeit

Waren- und Kapitalmärkte sind in der Europäischen Union bereits weitgehend liberalisiert. Auch für Dienstleistungen gibt es schon seit längerem einen EU-Binnenmarkt. Dort gelten aber immer noch viele nationale Barrieren. Generell kann jedoch festgehalten werden, dass ein Selbständiger oder Freiberufler, der seine Leistung grenzüberschreitend anbietet, selbst entscheidet, welcher Preis ihm dafür angemessen erscheint.

Wer hingegen seine abhängig Beschäftigten über die Grenze ins EU-Ausland schickt, für den gilt die ***EU-Entsenderichtlinie*** (Vgl. Richtlinie 96/71/EG, 1996, Artikel 3): Danach gelten bei Entsendung eines Arbeitnehmers aus einem Land der EU in das Hoheitsgebiet eines anderen EU-Mitgliedstaates die arbeitsrechtlichen Bestimmungen des jeweiligen Einsatzlandes unabhängig davon, welche Nationalität der Arbeitnehmer besitzt.

Politiker und Gewerkschaften sehen eine Ausweitung des deutschen Arbeitnehmerentsendegesetzes oder sogar die vollständige Umsetzung der europäischen Entsenderichtlinie als eine notwendige Maßnahme an, um den deutschen Arbeitsmarkt vor der Niedriglohnkonkurrenz aus dem Ausland zu schützen. Speziell die „Billiglohnkonkurrenz" aus den neuen Beitrittsstaaten Mittel- und Osteuropas nach 2004 könnte nach Gewährung der vollen Arbeitnehmerfreizügigkeit, die in Deutschland im Mai 2011 bzw. für Bulgarien und Rumänien 2014 realisiert wurde, zu einer Erosion von Sozialstandards (Lohn- und Sozialdumping) und zu einem Anstieg der Arbeitslosigkeit – speziell bei den gering qualifizierten Arbeitnehmern – führen.

In unserem Zusammenhang soll geprüft werden, inwieweit die Festlegung eines bundeseinheitlichen Mindestlohnes seit Januar 2015 in Höhe von € 8,50 bei vollständiger Arbeitnehmerfreizügigkeit und Umsetzung der EU-Entsenderichtlinie einen wirksamen Schutz für deutsche Arbeitnehmer liefern kann.

In einem ersten Schritt werden deshalb die Wohlfahrtswirkungen eines Mindestlohnes ohne Migration analysiert.

11.1 Wohlfahrtseffekte eines Mindestlohnes ohne Migration

Unterstellen wir am Anfang eine durchschnittliche Elastizität der Nachfrage nach Arbeitskräften durch die inländischen Unternehmen und des Angebotes an Arbeit durch die Arbeitnehmer. Von Migrationseffekten soll in einem ersten Schritt abstrahiert werden.

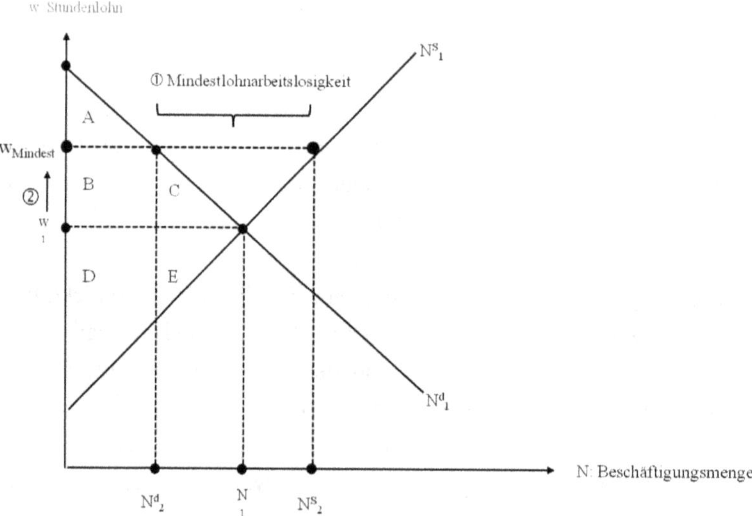

Abbildung 84: Mindestlohnarbeitslosigkeit ohne Migration

Ein Mindestlohn, der über dem Gleichgewichtslohn liegt, führt zu einer reduzierten Arbeitskräftenachfrage auf N^d_2. Dadurch sinkt die Konsumentenrente (Achtung hier die Vorteile der Unternehmen, die Arbeitskräfte nachfragen!!), von A + B + C auf A. Davon partizipieren insbesondere die Arbeitnehmer, die vor und nach der Festlegung des Mindestlohnes beschäftigt waren und sind (+ B). Insgesamt entsteht ein Wohlfahrtsverlust im Umfang von C + E.

Er lässt sich dadurch begründen, dass sowohl Arbeitgeber als auch Arbeitnehmer bereit gewesen wären, zu weniger als dem Mindestlohn einen Arbeitsvertrag abzuschließen. Die Mindestlohnvorschriften führen aber mehr oder weniger stark zu Mindestlohnarbeitslosigkeit.

In einem ganz entscheidenden Maße hängen die Effekte von der ***Elastizität der Arbeitskräftenachfrage*** ab, das heißt, wie stark reagieren die Unternehmen auf die Lohnsteigerungen. Im Bereich gering qualifizierter Arbeitnehmer ist damit zu rechnen, dass die betroffenen Betriebe deutlich auf Lohnsteigerungen reagieren. Dies führt zu einem Anstieg der Arbeitslosigkeit und zu einem Wegbrechen von Kaufkraft.

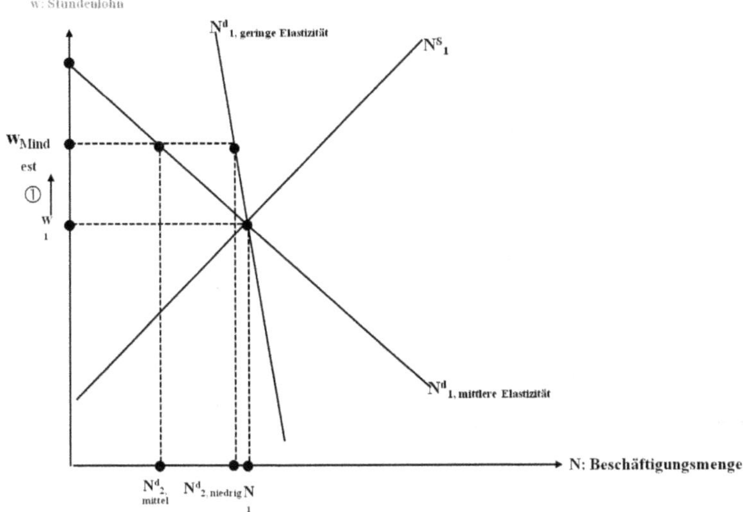

Abbildung 85: Lohnelastizität der Arbeitskräftenachfrage und Mindestlohnarbeitslosigkeit

In der u. a. Abbildung wird der Versuch unternommen, die Auswirkungen eines Bundes einheitlichen Mindestlohnes für Ost- und Westdeutschland zu prognostizieren. Derzeit herrscht noch ein deutliches Differenzial zwischen dem Lohnniveau in den neuen ($w_{1,Ost}$) und den alten Bundesländern ($w_{2, Ost}$), sodass in einer Vielzahl von Fällen der Mindestlohn von € 8,50 ($w_{2, Mindest}$;①) über dem Gleichgewichtslohn im Osten liegt, jedoch cum grano salis im Westen keinerlei Auswirkungen im ersten Schritt hat. Unter dieser Annahme verursacht der Mindestlohn in den neuen Ländern Arbeitslosigkeit und erhöht den Migrationsdruck in die westlichen Regionen (②). Dies würde dann das Ausmaß der Beschäftigung in Westdeutschland ansteigen lassen (③) und tendenziell eher zu rückläufigen Löhnen führen (③).

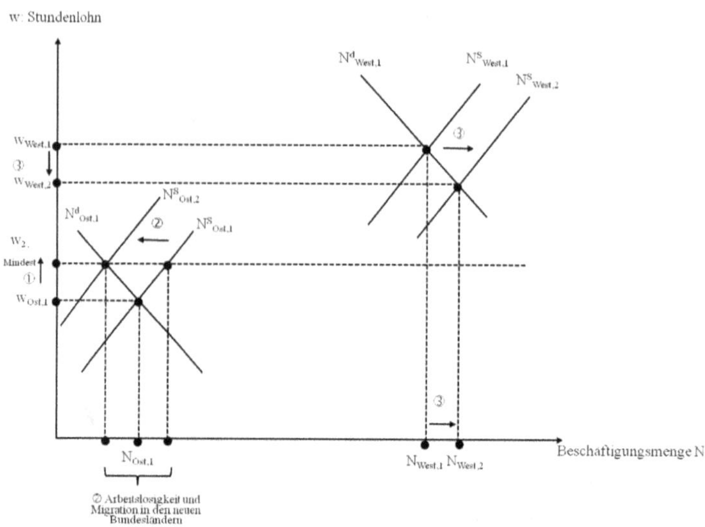

Abbildung 86: Regionale Auswirkungen eines Bundes einheitlichen Mindestlohnes

11.2 Der Status quo

Es ist bereits darauf hingewiesen worden, dass bis 2011 keine Arbeitnehmerfreizügigkeit zwischen Deutschland und den Beitrittsländern in Mittel- und Osteuropa (MOE) herrschen wird. Unter den derzeitigen Bedingungen ist somit ein deutliches Einkommensgefälle zwischen Deutschland und den MOE feststellbar (im Folgenden wird die Differenz zwischen dem durchschnittlichen Stundenlohn in Deutschland und den MOE als Lohndifferenzial bezeichnet). Als Anhaltspunkt kann der durchschnittliche Monatslohn beider Länder zugrunde gelegt werden. 2014 betrug er in Deutschland ungefähr 2.500 €, während es z.B. in Polen bei 900 € lag. Dadurch, dass das Migrationspotenzial eng begrenzt war, konnte auch ein „Brain Drain" von Ost nach West nur im sehr eingeschränkten Maß bis 2011 erfolgen, der zu einem Abbau des Lohndifferenzials hätte beitragen können. Die Ausgangssituation ist in der Abbildung 27 dargestellt.

Allerdings wird seit Januar 2014 auch den Rumänen und Bulgaren die volle Arbeitnehmerfreizügigkeit in Österreich und Deutschland gewährt. Zwar sind die Erfahrungen viel zu kurz. Jedoch lassen die Zahlen für Januar 2014, die einen Zuzug von 10.000 Arbeitnehmern allein aus diesen beiden Ländern nach Deutschland dokumentieren, als auch die Prognosen für das Gesamtjahr 2014, die von einem positiven Migrationssaldo für Deutschland von 450.000 ausländischen Arbeitnehmern ausgehen, deutlichere Effekte vermuten.

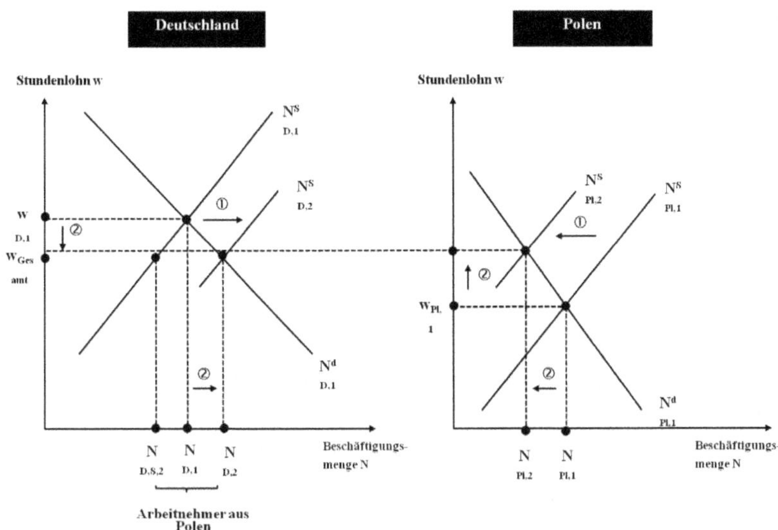

Abbildung 87: Lohndifferenzial zwischen Deutschland und Polen vor Gewährung der Arbeitnehmerfreizügigkeit

11.3 Effekte aus der Arbeitnehmerfreizügigkeit

Wird nun die Arbeitnehmerfreizügigkeit zwischen den EU-15 und den mittel- und osteuropäischen Beitrittsländern eingeführt, dann erhöhen sich die Faktorbewegungen von Ost nach fest. Die Auswirkungen sind evident: Das Arbeitskräfteangebot nimmt in den Kernländern zu und führt zu einem reduzierten Lohnniveau. Wäre das Arbeitskräfteangebot vollkommen flexibel, würde das neue Lohnniveau in den EU-15 zwischen dem alten Lohnniveau vor Gewährung der Arbeitnehmerfreizügigkeit und dem Lohnniveau der mittel- und osteuropäischen Staaten liegen.

Dies soll durch die Einführung eines Mindestlohnes in Deutschland verhindert werden.

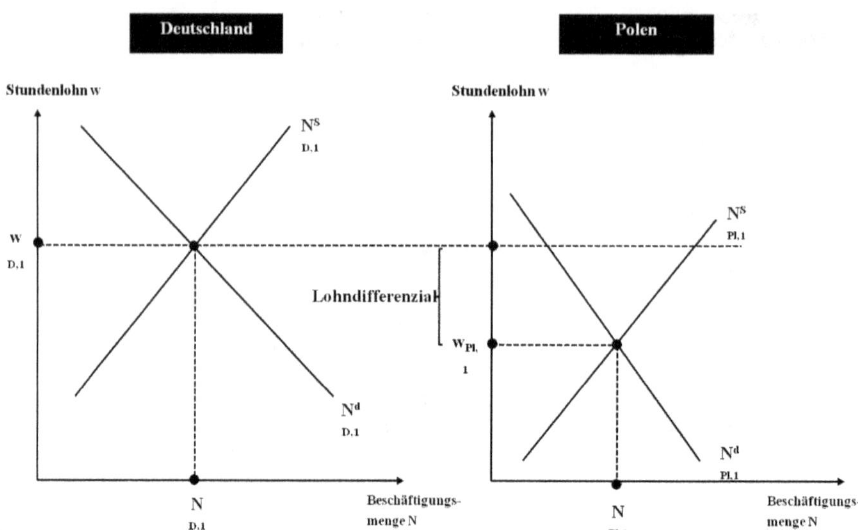

Abbildung 88: Abbau des Lohndifferenzials und Migration bei vollständiger Arbeitnehmerfreizügigkeit

Ein ethisch und ökonomisch absurder Vorschlag – vom äußerst rechten Rand des Parteienspektrums soll im Folgenden analysiert werden: ein Mindestlohn in der Bundesrepublik der ausschließlich für den deutschen Teil der Arbeitnehmerschaft gilt. Da der Mindestlohn über dem vorherigen Gleichgewichtslohn liegen wird, erhöht er den Migrationsdruck im Ausland und damit auch den Verdrängungswettbewerb zwischen deutschen und ausländischen Arbeitnehmern. Das Lohndifferenzial nimmt zu. Ausländische Arbeitnehmer sind bereit, für weit weniger als den deutschen Mindestlohn ihrer Arbeitskraft in Deutschland anzubieten. Somit wird ein gering qualifizierter deutscher Arbeitnehmer in der Bundesrepublik nicht mehr über die Lohnhöhe konkurrenzfähig sein und gegebenenfalls sämtliche Beschäftigungsperspektiven im Heimatland verlieren.

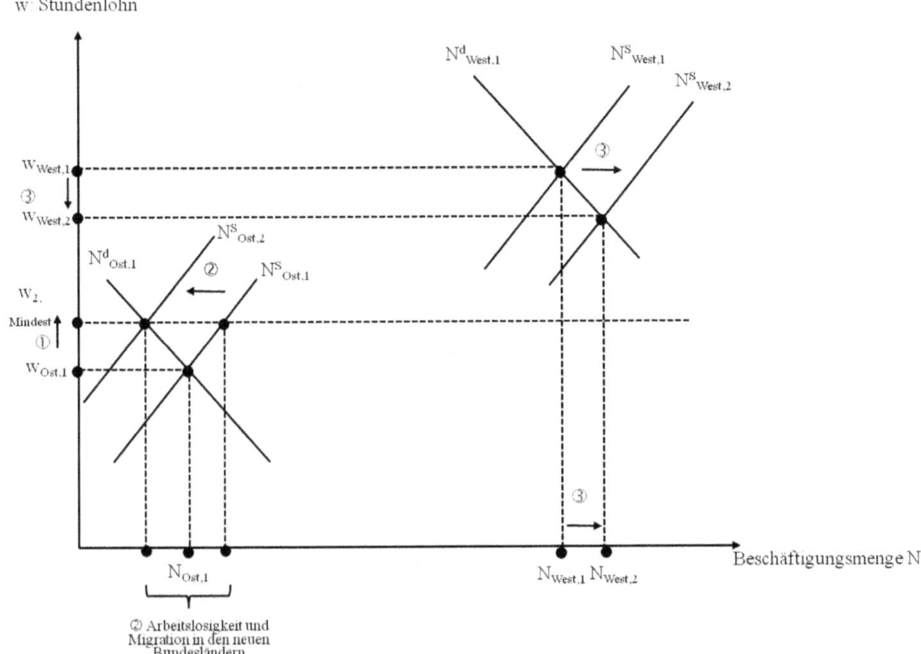

Abbildung 89: Auswirkungen eines deutschen Mindestlohnes nur für deutsche Arbeitnehmer

So ist prima facie eine Kopplung des deutschen Mindestlohnes mit der Umsetzung der ***EU-Entsenderichtlinie*** (für alle Arbeitnehmer in Deutschland – egal ob In- oder Ausländer gelten die Vorschriften des Bestimmungslandes) logisch stringent und auch rechtlich geboten.

Zwar können jetzt die ausländischen Arbeitnehmer nicht mehr über geringere Lohnforderungen in Deutschland ihre Konkurrenzfähigkeit erhöhen. Die Erfahrungen im europäischen Ausland belegen allerdings, dass der Unterbietungswettbewerb sich andere Ventile suchen kann: Es wird bei diesem hohen Lohndifferenzial eine hinreichend große Zahl an ausländischen Arbeitnehmern geben, die zum Beispiel ihre Attraktivität gegenüber deutschen Arbeitgebern durch die Akzeptanz menschenunwürdiger Nebenabsprachen erhöhen wollen (Bereitschaft zu hohe Kosten für die Unterkunft, Verpflegung, Arbeitskleidung, Transport tragen).

Dies lässt den Schluss zu, dass ein deutscher Mindestlohn, der mit der EU-Entsenderichtlinie gekoppelt ist, keineswegs vollständig den Konkurrenzdruck zu Arbeitnehmern aus Mitteleuropa nimmt. Insbesondere im Segment gering qualifizierter Arbeitnehmer dürfte der Konkurrenzdruck dadurch nicht signifikant abgefedert werden.

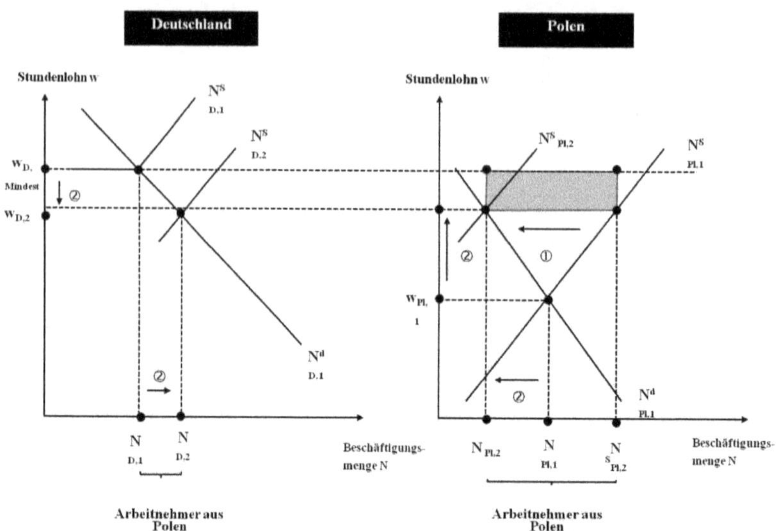

Abbildung 90: Auswirkungen eines Mindestlohnes bei Umsetzung der EU-Entsenderichtlinie

Stichwort- und Personenverzeichnis

www.ingramcontent.com/pod-product-compliance
Lightning Source LLC
Chambersburg PA
CBHW061815210326
41599CB00034B/7007

* 9 7 8 3 1 1 0 4 3 8 9 3 2 *